没有硝烟的斗争

和约会谈及事件

《中国大百科全书》青少年拓展阅读版编委会　编

中国大百科全书出版社

图书在版编目（CIP）数据

没有硝烟的斗争·和约会谈及事件 /《中国大百科全书》青少年拓展
阅读版编委会编 . —北京：中国大百科全书出版社，2019.9
　（中国大百科全书：青少年拓展阅读版）
　ISBN 978-7-5202-0592-4

Ⅰ. ①没… Ⅱ. ①中… Ⅲ. ①世界史—近代史—青少年读物
②世界史—现代史—青少年读物 Ⅳ. ① K14-49 ② K15-49

中国版本图书馆 CIP 数据核字（2019）第 215492 号

出 版 人　刘国辉
策划编辑　李默耘　程　园
责任编辑　李默耘
封面设计　WONDERLAND Book design
　　　　　仙境 QQ:344581934
责任印制　李　鹏
出版发行　中国大百科全书出版社
地　　址　北京阜成门北大街 17 号
邮　　编　100037
网　　址　http://www.ecph.com.cn
电　　话　010-68341984
印　　刷　蠡县天德印务有限公司
开　　本　710 毫米 ×1000 毫米　1/16
字　　数　90 千字
印　　张　7.5
版　　次　2019 年 9 月第 1 版
印　　次　2020 年 1 月第 1 次印刷
定　　价　33.00 元

序

百科全书（encyclopedia）是概要介绍人类一切门类知识或某一门类知识的工具书。现代百科全书的编纂是西方启蒙运动的先声，但百科全书的现代定义实际上源自人类文明的早期发展方式：注重知识的分类归纳和扩展积累。对知识的分类归纳关乎人类如何认识所处身的世界，所谓"辨其品类""命之以名"，正是人类对日月星辰、草木鸟兽等万事万象基于自我理解的创造性认识，人类从而建立起对应于物质世界的意识世界。而对知识的扩展积累，则体现出在社会的不断发展中人类主体对信息广博性的不竭追求，以及现代科学观念对知识更为深入的秩序性建构。这种广博系统的知识体系，是一个国家和一个时代科学文化高度发展的标志。

中国古代类书众多，但现代意义上的百科全书事业开创于1978年，中国大百科全书出版社的成立即肇基于此。百科社在党中央、国务院的高度重视和支持下，于1993年出版了《中国大百科全书》（第一版）（74卷），这是中国第一套按学科分卷的大百科全书，结束了中国没有自己的百科全书的历史；2009年又推出了《中国大百科全书》（第二版）（32卷），这是中国第一部采用汉语拼音为序、与国际惯例接轨的现代综合性百科全书。两版百科全书用时三十年，先后共有三万多名各学科各领域最具代表性的专家学者参与其中。目前，中国大百科全书出版社继续致力于《中国大百科全书》（第三版）这一数字化时代新型百科全书的编纂工作，努力构建基于信息化技术和互联网，进行知识生产、分发和传播的国家大型公共知识服务平台。

从图书纸质媒介到公共知识平台，这一介质与观念的变化折射出知识在当代的流动性、开放性、分享性，而努力为普通人提供整全清晰的知识脉络和日常应用的资料检索之需，正愈加成为传统百科全书走出图书馆、服务不同层级阅读人群的现实要求与自我期待。

《〈中国大百科全书〉青少年拓展阅读版》正是在这样的期待中应运而生的。本套丛书依据《中国大百科全书》（第一版）及《中国大百科全书》（第二版）内容编选，在强调知识内容权威准确的同时力图实现服务的分众化，为青少年拓展阅读提供一套真正的校园版百科全书。丛书首先参照学校教育中的学科划分确定知识领域，然后在各类知识领域中梳理不同知识脉络作为分册依据，使各册的条目更紧密地结合学校课程与考纲的设置，并侧重编选对于青少年来说更为基础性和实用性的条目。同时，在条目中插入便于理解的图片资料，增加阅读的丰富性与趣味性；封面装帧也尽量避免传统百科全书"高大上"的严肃面孔，设计更为青少年所喜爱的阅读风格，为百科知识向未来新人的分享与传递创造更多的条件。

百科全书是蔚为壮观、意义深远的国家知识工程，其不仅要体现当代中国学术积累的厚度与知识创新的前沿，更要做好为未来中国培育人才、启迪智慧、普及科学、传承文化、弘扬精神的工作。《〈中国大百科全书〉青少年拓展阅读版》愿做从百科全书大海中取水育苗的"知识搬运工"，为中国少年睿智卓识的迸发尽心竭力。

本书编委会

2019 年 9 月

目　录

奥格斯堡和约

1555年神圣罗马帝国皇帝查理五世同德意志新教诸侯在奥格斯堡帝国会议上订立的和约。路德宗教会因之在德意志取得合法地位。

16世纪宗教改革中，德意志一些信奉天主教的诸侯禁止臣民信奉新教。另一些诸侯则反对天主教而支持宗教改革，以维护自己在运动中的既得利益。他们在领地内建立路德宗教会，并自任教会的实际首脑。各派诸侯、诸侯与皇帝、皇帝与教皇之间的矛盾复杂而激烈。1531年，德意志新教诸侯组成反对皇帝和天主教诸侯的士马卡尔登联盟。查理五世因忙于对法战争，无暇顾及。1546年回国时，士马卡尔登联盟已因分裂而渐见削弱。次年查理五世战胜新教诸侯，撒克逊选侯约翰·弗雷德里克被俘，士马卡

尔登联盟瓦解。1550年，查理五世颁布"血腥诏令"，严禁宗教改革宣传，同时镇压再洗礼派。但是，皇权的增长也引起了教皇和天主教诸侯的不安和嫉视，他们组成反皇帝同盟，北方路德宗诸侯也积极备战。1552年查理五世战败，1555年被迫签订《奥格斯堡和约》。当时查理不在德意志境内，委托其弟费迪南代行。和约规定教随国定原则，即承认天主教和路德宗诸侯同样有权决定其臣民的宗教信仰，不接受所规定信仰者可以出卖其产业后离境。和约只承认路德宗的合法地位，而不包括其他新教教派如归正宗和再洗礼派。和约还规定凡在1552年前为路德宗诸侯所占有的教产，由其继续占有。原天主教的大主教、主教、修院院长如改信路德宗，即丧失原来的教职和权力，另选持天主教正统信仰者继之。

乌得勒支和约

1713—1715 年以法国、西班牙为一方，反对法国大联盟国家为另一方，为结束西班牙王位继承战争在荷兰乌得勒支分别签订的一系列和平条约。计有 1713 年 4 月 11 日法国同英、荷、普、萨伏依分别签订的和约；7 月 13 日英西和约；西－萨伏依和约；1714 年 6 月西荷和约；1715 年 2 月西葡和约等。根据和约，各国承认波旁王朝的腓力五世为西班牙国王，但腓力五世及其继承人放弃兼任法国国王的权利。由此，哈布斯堡王朝对西班牙200 年的统治告终，开始波旁王朝对西班牙的统治，西班牙经济逐渐恢复。英国得到西班牙的直布罗陀和梅诺卡岛，得以控制地中海；还获得在西属殖民地贩卖非洲奴隶的特权，为期 30 年。法国承认英国新教国王的继承权，同意把英国"王位觊觎者"威尔士亲王逐出法国；将从 17 世纪就占领、经营的北美属地哈得孙湾周围地区、纽芬兰、新斯科舍等地割让给英；拆除其在敦刻尔克要塞的防务。1714 年3 月 17 日，法国同神圣罗马帝国皇帝奥地利的查理六世（1711—1740年在位）签订《拉施塔特和约》，9月签订《巴登和约》。据和约，西班牙将属地伦巴第、那不勒斯、撒丁和南尼德兰割让给奥地利；把西西里还给萨伏依；把格尔德兰让给普鲁士。法国交出在莱茵河右岸占领的城市和拆除莱茵河沿岸工事。这些和约加强了英国的海上和殖民霸权，其国际地位进一步上升；普奥在欧洲的势力加强，法国称霸欧洲的局面告终。

尼什塔特和约

俄国和瑞典为结束北方战争而缔结的和约。1721年9月10日订于芬兰尼什塔特。和约由序言和24条组成。瑞典承认英格利亚、部分卡累利阿（连同凯克斯霍尔姆）、埃斯特兰（连同雷瓦尔和纳尔瓦）、利夫兰（连同里加）和厄塞尔、达哥两岛以及从维堡到库尔兰疆界之间的其他土地归并俄国。俄国答应将芬兰归还瑞典，并偿付200万俄国纸币（或西欧的叶菲马克），作为瑞典割让土地的补偿。在北方战争中作出巨大牺牲的波兰被拒于尼什塔特和会之外。俄国背信弃义，撕毁《纳尔瓦条约》，拒不把埃斯特兰和利夫兰交给波兰。和约使俄国获得波罗的海东岸的大片土地，打开了波罗的海出海口，成为海上大国，并将波兰变为附庸。从而，俄国挤进了欧洲强国的行列。

提尔西特和约

俄法两国于1807年签订的和约。法国在同第四次反法联盟的战争中，于1806年和1807年先后击败普鲁士和俄国。1807年6月25日，俄皇亚历山大一世和法皇拿破仑一世在提尔西特（又译蒂尔西特，今俄罗斯加里宁格勒州苏维埃茨克市）附近涅曼河的一只木筏上会晤。7月7日，双方代表签订提尔西特和约，包括附有秘密条款的《法俄和约》和一个矛头指向英国的《法俄同盟条约》。7月9日，法国和普鲁士两国代表签订《法普和约》。根据《法俄和约》，原属普鲁士的易北河以西大部分地区被划入新成立的威斯特伐利亚王国的版图，由拿破仑一世的弟弟热罗姆·波拿巴任国王；在普鲁士第二次、第三次瓜分波兰时所攫得的地

区成立华沙公国，由萨克森国王兼任君主；格但斯克成为自由市；比亚韦斯托克地区划归俄国。俄国承认拿破仑一世的兄长约瑟夫·波拿巴为那不勒斯国王，路易·波拿巴为荷兰国王，允诺将卡塔罗海湾转让给法国，承认法国对伊奥尼亚群岛的主权。《法俄同盟条约》规定：在英国拒绝俄国提出的媾和条件时，俄国将同英国断绝外交关系并参加对英国的大陆封锁；在土耳其拒绝调停或在 3 个月内俄土谈判不能取得满意结果时，法国和俄国将对土耳其采取一致行动。提尔西特和约标志着第四次反法联盟的失败，对普鲁士来说是奇耻大辱，对法国和俄国来说是瓜分欧洲的条约。和约未能缓和俄法之间的矛盾，最终导致 1812 年的战争。

维也纳会议

欧洲第六次反法同盟打败拿破仑一世后举行的一次国际会议。1814 年 9 月，欧洲 15 个王室的重要人物包括俄国沙皇亚历山大一世（1801—1825 年在位）、奥皇弗兰茨一世（1792—1806 年在位）、普王腓特烈·威廉三世（1797—1840 年在位）在内，200 多个公侯以及各国外交大臣在奥地利首都维也纳聚会。

会议的目的名义上是重建欧洲和平、树立欧洲均势，实际上是战胜国瓜分欧洲政治疆域和殖民地，复辟封建王朝，镇压民族民主运动。

与会大国的政策　会议中起主要作用的是俄、英、奥、普四同盟国。沙皇亚历山大一世的目标是把华沙公国变为俄属的波兰王国且由他兼任国王。英国外交大臣卡斯尔雷勋爵 R. 斯图亚特竭力保持从法国和荷兰手中夺来的殖民地，在欧洲加强普、奥力量，抗衡法、俄，维持均势，以便自己居于仲裁者的地位。奥地利外交大臣 K.W.N.L.von 梅特涅注意恢复奥国在意大利北部的统治权，抑制沙俄，削弱普鲁士，维护奥国在德意志的优越地位。普鲁士代表 K.A.von 哈登堡公爵力谋在萨克森和莱茵河流域扩大版图。法国外交大臣 C.-M.de 塔列朗则要求以和俄、英、普、奥同等的地位参加重大问题谈判，希图利用它们之间的意见分歧，改善法国的处境。

1814 年 9 月 22 日，四同盟国决议，一切事务由他们秘密商议决定，把法国排除在外。塔列朗提出抗议，要求召开全体会议，选出领导机构。他倡议"正统主义"，意即王位或领土除非经合法占有者放弃，不得任意变更，实质是要恢复 1789 年以前欧洲存在的秩序。这个意见深受诸小国欢迎。四同盟国为避免与会国指责把持会务，特设一个指导委员会，由签署第一次《巴黎条约》（1814 年 5 月 30 日）的俄、英、普、奥、法、西、葡、瑞典八国代表组成，由梅特涅担任主席。但分配领土的权力依然操纵在四同盟国手中。

全体会议一再延期，直到《最后议定书》完成时，也未举行过一次。

波兰－萨克森问题　会议进行中，俄、英、奥、普四国在波兰－萨克森问题上发生尖锐矛盾。亚历山大一世提出，华沙大公国与俄占波兰领土合并，建立一个俄国统治下的波兰王国；为了补偿普、奥两国的损失，把萨克森王国的领土划归普鲁士，让奥地利恢复在意大利北部的统治。卡斯尔雷勋爵和梅特涅都感到俄国向西扩张是对欧洲均势的一个威胁。梅特涅与哈登堡秘密计议，如果普鲁士能协同奥地利反对沙皇的波兰计划，他可以同意普鲁士获得萨克森。这个密谋虽受到卡斯尔雷赞许，但由于腓特烈·威廉三世顺从沙皇意旨而遭到破坏。亚历山大一世坚持自己的主张：波兰归俄，萨克森归普。俄军已占有波兰西部，英、奥无可奈何，只好承认现实。但在萨克森问题上，奥地利坚决不让，因为考虑到既已失去波兰部分，再让普鲁士兼并萨克森，就将使本国直接受到两个强邻的威逼。四同盟国之间争吵不休，谈判濒于破裂。

这时，塔列朗站在英、奥一边，扬言均势原则和正统主义都不容许把萨克森让给普鲁士。1814 年 12 月 29 日，卡斯尔雷勋爵获悉哈登堡使用威胁语言，又取得普鲁士备战的情报，便草拟一份对抗普、俄的军事同盟条约，由英、奥、法三国代表于 1815 年 1 月 3 日签订《维也纳秘密防御同盟条约》，规定如缔约国三方之一遭到来自一国或几国的攻击时，应互相援助，各提供 15 万人的军队，并不得与敌方单独媾和。随后，在英、奥的支持下，塔列朗被邀参加了四同盟国会议。沙皇觉察到英、奥、法三国签

订密约，态度有了转变，而且他已得到想在波兰取得的一切，不打算为普鲁士争夺萨克森而同三大国交恶，愿意接受英国的调停，结束有关萨克森的争论。1815 年 2 月上旬普、奥达成妥协。这场斗争的结果是：对曾属于华沙大公国的波兰领土做了重新分配，俄国获得绝大部分，波兹南地区并入普鲁士，加里西亚留给奥地利，克拉科夫定为各瓜分国监护之下的中立的"自由市"；萨克森北部归普鲁士，南部留给萨克森国王；普鲁士还获得莱茵河左岸的土地。

《最后议定书》 拿破仑一世得知四同盟国由于意见分歧、争吵不休的消息，于 1815 年 3 月 1 日从厄尔巴岛潜回法国，20 日进入巴黎，重登帝位。会议一度中断。英、俄、奥、普等国立即组织第七次反法联盟，宣布拿破仑一世是欧洲的公敌，决心予以彻底击溃。滑铁卢之战前夕，1815 年 6 月 9 日，维也纳会议指导委员会 8 个成员国的代表签订了由 121 条条款和 17

条单独附带条款构成的《最后议定书》，此后欧洲所有其他未与会国家尽皆加入。该议定书任意宰割和兼并小国、弱国土地，以满足强国的霸权要求，其主要内容是：①俄国夺得华沙大公国大部分领土，波兰只在克拉科夫及其毗邻地区组成一个共和国，并由俄、普、奥共同"保护"。俄国继续占有前几年取得的芬兰和比萨拉比亚。②英国在战胜法国后继续占有马耳他及原法国殖民地多巴哥、圣卢西亚和毛里求斯。另外，锡兰（今斯里兰卡）以及开普、部分圭亚那和洪都拉斯也都成为英属殖民地。英国还拥有对伊奥尼亚群岛的保护权。③比利时与荷兰组成为尼德兰王国。瑞士定为永久中立的联邦国家并由 19 州增加到 22 州。撒丁王国收回萨瓦和尼斯，且兼并了热那亚。④奥地利失去比利时，从意大利获得伦巴第和威尼斯作为补偿。它还获得提罗尔、萨尔茨堡、的里雅斯特、伊利里亚和达尔马提亚。⑤普鲁士获得 2/5 的萨克森、吕根岛和波美拉尼亚，又在西部取得莱茵－威斯特伐利亚地区。⑥德意志邦联由 34 个君主国

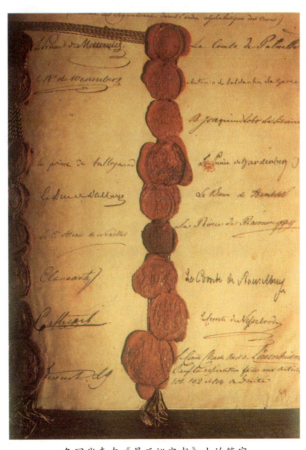

各国代表在《最后议定书》上的签字

和4个自由市组成。各邦政府的代表产生邦联议会，由奥地利代表担任议长。⑦瑞典将芬兰让给俄国而从丹麦取得挪威。丹麦把从瑞典得来的波美拉尼亚换取普鲁士的劳恩堡。⑧继法国之后，西班牙、葡萄牙、德意志和意大利境内各邦的旧王朝复辟。罗马教皇也恢复教皇领地。⑨会议解决了3个带有普遍性的欧洲国际问题：订立国际河流的航行规章，规定外交官员等级的划分和各国关于禁止贩卖黑人奴隶的宣言。

会议代表们的指导思想是均势原则、正统主义和补偿原则等一些18世纪王朝外交的准则。他们无视各国人民由于法国革命所激起的民族意识和民主改革的要求，而把小国的土地和人口当作政治交易中的筹码。正如恩格斯所说，大大小小的帝王分配赃物和奖金，并商讨能把革命前的形势恢复到什么程度。民族被买进和卖出，被分割和合并，只要完全符合统治者的利益和愿望就行。

会议以后30年间，欧洲君主专制国家极力维护维也纳体系，而各国革命党和自由主义者则力图推翻条约下的现状，革命和反动两股势力持续不断地搏斗，维也纳会议仅仅建立了短暂的和平。

神圣同盟

拿破仑帝国瓦解后，欧洲大多数国家参加的一个松散的政治组织。1815年维也纳会议结束后不久，由俄国沙皇亚历山大一世发起，得到奥地利皇帝弗兰茨一世和普鲁士国王腓特烈·威廉三世的赞同，于同年9月26日在巴黎签署《神圣同盟宣言》。宣言标榜根据基督教教义处理相互关系，宣布三国属于上帝统治下的"同一家庭的三个分支"，三国君主以"手足之情""互相救援"；引导臣民和士兵

"保卫宗教、和平与正义"，要求人民遵守教义，恪尽职责。同时邀请承认盟约原则的国家参加同盟。同年11月19日，法国国王路易十八加入同盟。最后，除英国、奥斯曼帝国苏丹及教皇外，欧洲各国君主都纷纷加盟。19世纪20年代，神圣同盟先后镇压了意大利革命和西班牙革命，还曾企图干涉拉丁美洲的独立运动。后因欧洲革命运动蓬勃发展，列强间矛盾加剧，1822年后同盟名存实亡。1830年法国七月革命后，同盟正式瓦解。1833年，俄、奥、普三国君主曾试图重建神圣同盟，未能达到目的。

四国同盟

英、俄、奥、普四国为保证1815年《巴黎条约》的实施而缔结的同盟。第七次反法联盟打败拿破仑一世的军队后，同盟国同战败的法国于1815年11月20日签订《巴黎条约》。与此同时，又签订了四国同盟条约。主要内容是：①拥护1815年《巴黎条约》。②如任何一方受法国攻击，盟国各出兵6万相助。③由英国外交大臣卡斯尔雷亲笔起草的条约第6条规定，缔约国定期举行会议，协商各国的共同利益和维持欧洲和平的方法。此举曾被西方学者誉为"欧洲协调"，"拿破仑战争后欧洲外交的新起点"。条约有效期为20年。四国同盟与神圣同盟相配合，目的在于防止法国再起，维持欧洲均势，反对新的革命运动。法国遵守1815年《巴黎条约》规定，按期偿付赔款。1818年，盟国同意撤出在法国的驻军，法国也加入同盟，并于11月15日发表共同宣言，声明五强维持欧洲和平，即按欧洲各大国统治者的利益和目的，处理欧洲事务。随着欧洲革命运动蓬勃发展，四国同盟内部矛盾重重，在许多问题上已不能一致行动。

门罗主义

1823年12月2日美国第5任总统J.门罗在国情咨文中提出的美国对外政策的原则，是美国对外扩张政策的重要标志。

19世纪前20年间，西班牙在中南美洲的殖民地相继宣告独立。

西企图卷土重来。俄、奥等国组成的神圣同盟也企图干涉拉美事务。美国为实现控制美洲的目的，连续发表言论，最后形成门罗主义。

1822年，国务卿J.Q.亚当斯在致美驻俄公使的信中说，除英国控制的加拿大外，"南北美洲其余的地方今后必须归美洲人管理"。1823年，离任总统T.杰斐逊在致门罗总统的信中提出几条原则：南北美洲有自己特有的不同于欧洲的利益，所以应当有与欧洲完全不同

美国杂志抨击T.罗斯福执行门罗主义政策的漫画

的自己的体系；"决不把我们自己卷入欧洲的纠纷之中"；"决不允许欧洲来干涉大西洋这边的事情"。就此奠定了"门罗主义"的基调。1823 年 8 月，英国外交大臣 G. 坎宁邀请美国共同反对俄、普、奥三国神圣同盟对拉美各国的干涉，禁止再把拉丁美洲殖民化，得到门罗的赞同。同年 12 月 2 日，门罗总统在致国会的咨文中宣称：美国对于欧洲的政策依旧不变，即"不干涉任何国家的内政"。"承认事实上的政府都是合法政府，和它们发展友好关系，并用坦诚、坚定和刚毅的政策来保持这种关系。""不对任何国家所加于我们的损害妥协。""我们没有干涉过任何列强的现存殖民地和保护国，将来也不会干涉。"但是，列强"把它们的政治制度扩展到西半球任何地区的企图，对我们的和平和安全都是有危害的"。"今后欧洲列强不得把美洲大陆业已独立自由的国家当作将来殖民的对象。"实际上是提出"美洲是美洲人的美洲"的口号，宣布

拉丁美洲属于美国的势力范围。门罗主义在客观上起到了防止已独立的拉美国家再沦为欧洲列强的殖民地的作用。

1870 年以后，始有"门罗主义"的提法。1904 年 T. 罗斯福提出"罗斯福推论"，进一步补充了门罗主义。他指出，某个拉美国家一旦"闹事"，美国可以干涉其内部事务。在 T. 罗斯福、T.W. 威尔逊总统任内，美国经常干涉拉丁美洲，尤其是加勒比地区的内部事务。1933 年以后，F.D. 罗斯福执政时放弃干涉政策，转而推行睦邻政策。第二次世界大战后，美国在拉美地区依然奉行门罗主义。

巴黎和约
（1856）

　　结束克里木战争的和约。1856年2月25日起，克里木战争交战国英、法、撒丁、土耳其与俄国以及会议发起者奥地利举行会议。后因讨论黑海海峡问题，又邀请1841年《伦敦海峡公约》签字国之一的普鲁士参加。3月30日签订《巴黎和约》。和约规定：欧洲列强正式承认土耳其为"欧洲协调"的国家之一，并保证奥斯曼帝国的"独立与完整"；俄国把多瑙河口及南比萨拉比亚归还给摩尔达维亚，放弃对奥斯曼帝国境内（包括摩尔达维亚和瓦拉几亚）东正教教徒的保护权，由列强共同保障其利益；摩尔达维亚和瓦拉几亚仍处于土耳其宗主权之下，塞尔维亚自治，但土耳其苏丹对塞尔维亚的最高权力仍保留；俄国将卡尔斯归还给土耳其，收复被英、法联军占领的塞瓦斯托波尔及克里木的其他城市；黑海中立化，黑海海峡（博斯普鲁斯海峡和达达尼尔海峡）禁止各国军舰通行；俄、土在黑海都不得保有6艘以上八百吨的轮船和4艘以上二百吨的船只，也不得在黑海沿岸设立海军兵工厂和海军要塞；多瑙河上贸易航行完全自由，对一切国家开放，并由英、俄、法、奥、普、撒丁和土耳其组成"欧洲多瑙河委员会"来保证这一规定的执行。

　　《巴黎和约》的签订对俄国打开黑海海峡向南扩张的企图是一个沉重打击，使英、法两国在奥斯曼帝国境内建立了自己的优势地位。土耳其则沦入由欧洲列强支配和摆布的境地。

柏林会议（1878）

1878 年，欧洲大国为修改俄国和土耳其签订的《圣斯特凡诺条约》在柏林召开的一次国际会议。1878 年的《圣斯特凡诺条约》，引起英、奥的强烈不满。英、奥反对俄国在巴尔干扩大势力，反对在巴尔干半岛建立大斯拉夫国家保加利亚。奥匈帝国外交大臣 G. 安德拉希提议召开国际会议，重新审议和修改《圣斯特凡诺条约》。英国欣然赞同，并以武力胁迫俄国让步。俄国因刚结束战争，内外交困，无力再战，被迫同意参加会议。

会前外交活动 1878 年 3 月底，俄派 N.P. 伊格纳季耶夫去维也纳谈判。安德拉希要求分割保加利亚，既要吞并波斯尼亚和黑塞哥维那，又要在巴尔干西部占有优势，两国未取得一致意见。继之，俄驻伦敦大使 P.A. 舒瓦洛夫同英新任外交大臣 R.A.T. 索尔兹伯里谈判，于 5 月 30 日签订英俄密约，俄允诺缩小保加利亚领土，英则反对俄取得比萨拉比亚南部以及巴统、阿达罕、卡尔斯。英俄妥协后，同年 6 月 4 日英国又与土耳其签订防御同盟条约（又称《塞浦路斯条约》），英愿保护土的亚洲领土，土则同意将塞浦路斯岛交给英国占领。6 月 6 日英国和奥匈签订《英奥协定》，两国约定不准扩充保加利亚领土至巴尔干山脉以南，英支持奥匈取得波斯尼亚和黑塞哥维那。上述条约和协定为柏林会议铺平了道路。

会议召开 1878 年 6 月 13 日

俾斯麦（右 2）出席柏林会议（1878）

柏林会议开幕。参加国有德、俄、英、奥匈、法、意、土耳其。出席会议的代表有：俄首相兼外交大臣A.M.戈尔恰科夫和副代表舒瓦洛夫、德宰相俾斯麦、奥匈外交大臣安德拉希、英首相B.迪斯累里和副代表索尔兹伯里。罗马尼亚、塞尔维亚、门的内哥罗、希腊、伊朗被邀参加会议，但没有表决权。德国为东道国，俾斯麦任会议主席。会上争论最多的是对保加利亚的处置、波斯尼亚和黑塞哥维那的归属以及俄在南高加索获得领土等问题。俄国因被战争削弱，会上又陷于孤立，被迫做出重大让步。7月18日与会各国签订了全文共64条的《柏林条约》，以代替《圣斯特凡诺条约》。

条约内容　主要是：①保加利亚划为三部分：马其顿地区仍属土管辖；巴尔干山脉以南建立一个土耳其的自治省，称东鲁米利亚，省总督应为基督教徒；保加利亚公国的领土只限于巴尔干山脉以北地区，它有权选举自己的王公，但需经苏丹认可和列强同意，并由俄国占领9个月，仍向土耳其纳贡。②波斯尼亚和黑塞哥维那仍属土耳其，但奥匈帝国有驻军权和行政管理权。③承认塞尔维亚、门的内哥罗、罗马尼亚独立，但须分担土耳其的债务；罗马尼亚的比萨拉比亚南部割让给俄国，以收回北多布鲁查作为"补偿"。④俄国兼并巴统、阿达罕、卡尔斯；巴统宣布为自由港，作为商业港口。⑤关于海峡问题，重申1856年和1871年各条约规定的原则。

柏林会议的结果，使巴尔干问题更为复杂化，为欧洲各大国日后的新冲突埋下了祸根。

柏林会议
（1884—1885）

帝国主义列强在柏林召开的瓜分非洲的会议。1884 年 11 月 15 日召开，1885 年 2 月 26 日结束。英国、法国、德国、比利时、葡萄牙、意大利、奥匈帝国、丹麦、荷兰、俄国、西班牙、瑞典、挪威、土耳其和美国 15 个国家的代表参加了会议，召集者为德国首相 O.von 俾斯麦。会议原定议程仅是解决刚果河（今扎伊尔河）流域的归属问题，但实际上是集中讨论和制定列强瓜分非洲的一般原则。

会上，英、法、德、比等国在刚果问题上，展开了激烈的争夺。比利时国王利奥波德二世利用列强间的矛盾，施展外交手腕，在会下同各国代表进行紧张的交易，使

它们分别同他控制下的"国际非洲协会"签订协定，承认其对刚果盆地的主权，以"刚果自由邦"的名义，正式成为比利时国王的私人领地。另一方面，会议也规定了在刚果盆地实行自由贸易、刚果河自由通航等条款。

柏林会议制定了列强分割非洲领土共同遵守的原则，签订了包括 38 条内容的《总决议书》，规定《总决议书》签字国占领非洲沿岸土地或建立"保护国"时，必须分别通知"本决议书上的签字各国，以便它们必要时提出自己的要求"，同时必须"保证建立足以保护现有各种权利的统治权力，并在必要时，保证遵守规定条件的贸易自由与过境自由"，才能被看作"有效占领"，才会被其他国家确认。《总决议书》宣称："为了非洲和全世界的最大利益"，各国的商人、传教士及其他方面的代表都能自由进入非洲内地。柏林会议后，列强掀起瓜分非洲领土的狂潮。到 1912 年，列强已占领非洲 96% 的土地。

非洲被各帝国主义国家基本上瓜分完毕。

德奥同盟

1879 年德国和奥匈帝国在维也纳结成的秘密军事同盟。

普法战争以后，德国宰相 O.von 俾斯麦为孤立和打击法国，力图联合奥匈帝国，拉拢沙皇俄国，阻止法俄接近。1878 年柏林会议上，俾斯麦偏袒奥匈和英国，使沙俄失去了战胜土耳其所获得的权益。会后，德国借口检疫，禁止进口俄国牲畜，又提高了粮食进口税，使俄国遭受严重的经济损失。德俄关系急剧恶化。俾斯麦觉察到法俄接近的迹象，为应付东西两线可能的进攻，遂选择奥为伙伴。奥匈帝国和俄国在巴尔干的利益冲突不可调和；俄国对君士坦丁堡所造成的威胁，也把奥推向德国。1879 年秋，俾斯麦开始积极筹备反俄的德奥同盟条约。9 月 21 日，俾斯麦前往维也纳同奥外交大臣谈判。9 月 24 日，双方签订了关于筹备缔结盟约的初步秘密议定书，规定了结盟的一般原则。10 月 7 日，德国驻奥匈大使劳斯亲王和奥匈外交大臣 G.安德拉希在维也纳签署德奥同盟条约。条约主要内容：①缔约国一方遭到俄国的进攻，他方应以全部兵力援助，并不得单独媾和。②一方遭到第三国（指法国）进攻，他方应采取善意的中立；如进攻的国家得到俄国支持，缔约双方应共同作战。③条约的有效期暂定为 5 年。④缔约国双方对条约应保守秘密。事实上，条约一直存在到第一次世界大战结束、两帝国灭亡为止。

德奥同盟条约成为德国外交政策的基石，也成了当时欧洲国际关系的轴心。后来的德奥意三国同盟是德奥同盟的扩大。德奥同盟带来的严重后果则是法俄同盟的建立。德奥同盟条约实际上成了欧洲列强分裂为两大对峙的军事同盟体系的开端，也是第一次世界大战爆发的基本因素之一。

法俄同盟

法国和俄国为对抗三国同盟于1891—1894年形成的秘密军事同盟。普法战争以后，法国长期陷于德国的外交包围中，急需结束这种孤立困境。1887年德、俄关系急剧恶化，沙皇政府购买军火，推销公债，都指靠法国。法国利用俄国这种财政依赖性，促成法、俄结盟。德、俄《再保险条约》的终止，三国同盟条约的再次续订，英国同三国同盟的接近，都迫使沙俄政府向法国靠拢。1891年8月27日，俄国驻法大使莫伦海姆与法国外交部长A.F.J.里博达成一项政治协定，提出法、俄两国中的一方受到侵略威胁时，双方应立即同时采取措施。此协定为法、俄结盟奠定了基础。

1892年8月17日，法、俄两国在彼得堡签订军事协定。主要内容：①当法国遭到德国或意大利攻击时，或俄国遭到德国或奥匈帝国攻击时，双方都以全部兵力相互支援。②如果三国同盟或其中一国动员兵力，法、俄一经得知，不需任何事先协议，应立即将兵力调到边境。③法国用于对付德国的兵力应为130万人，俄国用于对付德国的兵力应为70万或80万人。这些军队应尽快全部参加战斗，迫使德国在东西两线同时作战。④两国都不得单独媾和。协定原定有效期限与三国同盟相同，但自1899年以后就无限延期，一直存在到1917年。

协定经1893年12月27日和1894年1月4日俄、法互换批准函件开始生效。法俄同盟的建立使欧洲大陆形成两个实力大致相当的对峙集团，即三国同盟与法俄同盟。

贝尔福宣言

英国政府表示赞同犹太人在巴勒斯坦建立国家的公开保证。1897年8月，以T.赫茨尔为首的犹太复国主义者，在瑞士巴塞尔召开第一次代表大会，通过了在巴勒斯坦建立一个"犹太人之家"的复国纲领。英国对巴勒斯坦垂涎已久，决定利用犹太复国主义，攫取巴勒斯坦，进而控制中东地区。

1917年11月2日，英国外交大臣A.J.贝尔福致函英国犹太复国主义者联盟副主席L.W.罗思柴尔德。信中说："英王陛下政府赞成在巴勒斯坦建立一个犹太人的民族之家，并愿尽最大努力促其实现；但应明确理解，不得做任何事情去损害目前巴勒斯坦非犹太人的公民权利和宗教权利，或者损害其他国家犹太人所享有的权利和政治地位。"这封信后来被称为"贝尔福宣言"。宣言中的"犹太人的民族之家"，实即"犹太国"。

贝尔福宣言的发表，是英国侵占巴勒斯坦所采取的一个重要步骤，对犹太复国主义的发展和中东局势产生了深远的影响。宣言得到包括美国在内的协约国主要国家的赞成。

海牙和平会议

1899年和1907年在荷兰海牙召开的两次国际和平会议。

19世纪末，帝国主义国家之间的军备竞赛愈演愈烈，英、德之间的竞争尤甚。俄国因国力不济，在大国争霸中力不从心。为限制对手，1898年8月24日，俄国沙皇尼古拉二世（1894—1917年在位）建议在海牙召开和平会议，得

到各国响应。第一次海牙和平会议
（1899 年 5 月 18 日至 7 月 29 日）
的参加国有中、俄、英、法、美、
日等 26 个国家。会议签订了《和
平解决国际争端公约》、《陆战法规
和惯例公约》和《关于 1864 年 8
月 22 日日内瓦公约的原则适用于
海战的公约》3 项公约。规定在海
牙设立一个永久的仲裁法庭，以处
理国际上的争执。会议还通过了限
制借助气球投掷炸弹，施放瓦斯等
战争行动手段的 3 项宣言。但会议
未能阻止帝国主义国家间的军备竞
赛，也未能就裁军或限制军备达成
任何协议。在两大军事集团斗争日
益加剧的情况下，美国总统 T. 罗
斯福建议，由尼古拉二世再出面召
集和平会议。第二次海牙和平会议
（1907 年 6 月 15 日至 10 月 18 日）
有 44 个国家参加，除第一次与会
国外，还有中南美国家。会议议程
和成果与第一次会议基本相同。关
于限制军备问题的讨论无进展。修
订了 1899 年的 3 项公约，通过了
有关中立问题、海战法规等 10 项

新公约。其中除《关于建立国际捕获法院公约》外，其他公约是为世界大多数国家所承认的有效国际法文献。会议还决议 8 年后再召开和平会议，因第一次世界大战爆发未能实现。两次海牙会议通过的 13 项公约和文件，总称"海牙公约"或"海牙法规"。海牙会议和平解决国际争端的原则和方法称为"海牙公约体系"。

大棒政策

美国第 26 任总统 T. 罗斯福提出的实行武力威胁和战争讹诈的外交政策。他曾在一次演说中援引了一句非洲谚语："手持大棒口如蜜，走遍天涯不着急"，以此来说明他任内（1901—1909）的外交政策，后发展成所谓"大棒加胡萝卜政策"。

20 世纪初，美国凭借其大为增强的军事经济力量，积极推行向外扩张计划。罗斯福提出对门罗主义的"推理"，强调美国对西半球的统治，排斥欧洲的干涉，从而加强了对拉丁美洲，特别是加勒比海地区的侵略。罗斯福根据 A.T. 马汉的制海权理论，大力发展海军力量，以武力迫使拉丁美洲国家"循规蹈矩"。在大棒政策的指导下，美国凭借武力，多次公开干涉拉丁美洲国家的内政。1903 年，罗斯福参与策划并出动海军支持巴拿马政变。1904 年，美国出动军舰，迫使多米尼加共和国将一切关税交给美国管理。美国推行大棒政策的地区，并不限于拉丁美洲。在解决阿拉斯加与加拿大的边界纠纷中，美国也对英国和加拿大施加压力。"大棒政策"是美国扩张主义在新时代的发展，其实质是将"美洲是美洲人的美洲"变为"美洲是美国人的美洲"。

英日同盟

1902年英国和日本为对抗俄国在远东的扩张而结成的军事同盟。20世纪初，英国为加强在远东的地位，力图假日本之手遏制俄国在远东的扩张；而日本为侵占朝鲜和中国东北，急于寻求反俄同盟军。1902年1月30日，英国外交大臣兰斯多恩侯爵（第五）H.C.K.佩蒂—菲茨莫里斯和日本驻英大使林董签订《英日同盟条约》，主要内容是：缔约国双方相互承认有权保护自己在中国和朝鲜的利益，如英国在中国、日本在中国和朝鲜的"特殊利益"遭到他国威胁，或因中朝内部发生"骚乱"而受到侵害，两国有权进行干预；缔约国一方为保护上述利益而与第三国作战时，另一方应严守中立；如缔约国一方遭到两个或两个以上国家进攻时，另一方应予以军事援助，共同作战。条约有效期5年。在秘密条款中还规定：两国海军应配合行动，在远东海域保持优势。英日同盟是针对俄国的军事攻守同盟，也是侵略中国和朝鲜的战争工具。同盟订立后，日本加紧扩军备战，发动了1904—1905年的日俄战争。1905年、1911年两国又一再重签同盟条约。英国承认日本对朝鲜的"保护权"；双方重申在遭到任何第三国进攻时，应提供军事援助。1921年12月13日条约失效。

彼得堡宣言

1908年俄国、德国、丹麦、瑞典代表签署的为维持波罗的海区域现状的宣言。俄德两国曾在1907年10月29日签订过维持波罗的海现状的《彼得堡议定书》，并同意和瑞典、丹麦缔结关于这两国领土不可侵犯的条约。德国还声明，将不认为俄国拒绝履行关于奥兰群岛不设防的1856年《巴黎和约》是破坏现状的行为。后来德国企图把瑞典拉入三国同盟（1882年），便于在战时占领丹麦，以巩固其在北海和波罗的海的地位。这一图谋引起俄、英的关注和沿岸国的不安。1908年4月23日，俄、德、丹麦、瑞典四国签订《彼得堡宣言》，宣称：签字国确保本国在波罗的海区域的陆地和岛屿的领土主权不受侵犯，并同意如这一区域现状受到威胁，立即就维持现状所必需的措施进行磋商。同一天，德国又同美国、法国、荷兰、瑞典、丹麦等国代表就维持北海区域领土现状问题签订了《柏林宣言》。这两个宣言暂时缓和了北欧地区矛盾的尖锐程度。

金元外交

美国从 W.H. 塔夫脱总统执政时期（1909—1913）开始执行的，鼓励和支持银行家扩大海外投资，以实现向外扩张的外交政策。

T. 罗斯福总统推行的"大棒政策"遭到世界各国，特别是拉丁美洲人民的反对，故塔夫脱和国务卿 P.C. 诺克斯鼓吹积极的经济扩张政策。塔夫脱提出"用金元代替枪弹"，诺克斯则提出"每个外交官都是推销员"的口号。他们主张运用外交政策推动和保护美国银行家的海外投资，特别是对拉丁美洲加勒比海地区和中国扩大投资，在这些地区排挤和取代其他帝国主义国家。他们认为海外投资可以帮助美国实现向外扩张的目标。事实上，金元并没有完全取代枪弹，而只是枪弹的补充。二者常常交替使用或同时使用。

在这种政策的鼓励下，美国资本大量投入加勒比海地区各国，美国银行家还挤入国际银行团，参加对中国湖广铁路的贷款计划，并积极策划扩大对中国东北地区的投资和经济渗透。由于这种使弱小民族沦为美国附属国的政策具有一定的欺骗性，继塔夫脱之后担任总统的 T.W. 威尔逊也继续推行这项政策。此后美国政府经常实行金元加实力的政策，直至 1934 年才稍有改变。

巴塞尔宣言

1912 年 11 月第二国际巴塞尔非常代表大会通过的《国际局势和反对战争的统一行动宣言》。第一次世界大战前夕，社会党国际局在 1912 年 10 月 28 日举行紧急会议，决定召开第二国际非常代表大会。大会于 1912 年 11 月 24—25 日在瑞士巴塞尔举行。出席大会的有来自 22 个国家的 55 名代表。大会一

巴塞尔宣言（片断）

致通过巴塞尔反战宣言。宣言揭露了帝国主义发动大规模战争的严重危险，指出正在酝酿的战争具有帝国主义掠夺性质，阐述了社会党人对待战争的观点和应采取的策略，确定了国际无产阶级和各国社会党防止战争、保卫和平方面的具体方针和任务。宣言号召各国无产者和社会党人利用一切手段，开展保卫世界和平的斗争。第二国际各国党的多数领导人口头上赞成宣言，但在 1914 年第一次世界大战爆发之后，却公开背叛宣言指明的路线。巴塞尔非常代表大会是第二国际的最后一次大会。

布列斯特－立陶夫斯克和约

1918 年 3 月 3 日苏维埃俄国与德国及其盟国奥匈帝国、保加利亚和土耳其缔结的屈辱性和约。1917 年 11 月 8 日，苏俄在《和平法令》中要求第一次世界大战交战国缔结正义、民主的和约，遭到拒绝。当时前线旧俄军队溃逃，国内经济困难，尚未组织起工农红军，最迫切的任务是退出帝国主义战争，赢得和平。德、奥同盟国集团两线作战，国内革命危机严重。协约国则企图借德国力量摧毁苏俄，或使两败俱伤。12 月 3 日，苏俄不得不单独与同盟集团在白俄罗斯的布列斯特－立陶夫斯克（今布列斯特）开始停战谈判。5 日签订停战协定，22 日开始和平谈判。苏俄建议根据《和平法令》缔结不割地、不赔款的民主和约。25 日德方假意赞同，但以协约国同意参加为条件。休会 10 天后，1918 年 1 月 9 日，德方借口协约国拒绝，表示不接受苏俄的谈判原则，谈判休会。列宁主和；苏俄代表团首席代表托洛茨基主张不战不和；俄共（布）党内不少人主战。30 日重开谈判。列宁曾与托洛茨基约定要尽量拖延谈判，等德方提出最后通牒，然后签订和约。2 月 9 日，德方以强硬态度提出苛刻条件，但尚未提出正式最后通牒。10 日，托洛茨基违抗列宁指示，宣称苏俄停止战争，复员军队，拒绝签订和约，随即离开布列斯特。18 日，德、奥军借机破坏和谈，大举进逼彼得格勒。19 日，列宁电告柏林同意签约。德军继续入侵。23 日，苏俄收到限 48 小时答复、条件更为苛刻的最后通牒。3 月 3 日，以列宁为首的俄共（布）党和政府，为使初建的苏维埃国家退出帝国主义战争，保障国家的安全和独立，在《布列斯特—立陶夫斯克和约》上签字。依照和约，苏俄失地 100 万平方千米。同年 8 月 27 日，在柏林签订苏、德间 3 个附加条约，规定苏俄须以各种形式赔款 60 亿马克。苏俄因利用帝国主义国家之间的矛盾签订和约而赢得了和平喘息时机，整顿经济，建立红军，巩固政权。1918 年 11 月 13 日，苏俄政府利用德国在大战中的失败宣布废除此和约。

国际联盟

第一次世界大战结束后建立的国际组织。又称"国际联合会"，简称"国联"。1919 年巴黎和会通过建立国联的决议。同年 4 月 24 日，和会通过以美英方案为基础的盟约，并将其作为对德、奥、匈、保等国和约的第一部分。1920 年 1 月 10 日国联正式成立，总部设在瑞士日内瓦。中国为创始会员国之一。美国威尔逊政府企图把国联作为建立世界霸权的工具，遭到英、法、意、日反对，美国国会因而拒绝批准《凡尔赛和约》，未参加国联。苏联于1934年9月18日加入。先后有63个国家加入国联。日、德、意三国因发动侵略战争的需要，分别于1933年3月27日、10月19日和1937年12月12日退出国联。

国联的主要机构是大会、行政院和秘书厅。大会由全体会员国组成。行政院由常任委员国（初为英、法、意、日，后陆续增补德、苏）和由大会定期选举产生的非常任委员国（原为4席，后逐次增为6、9、10和11席）组成。大会和行政院职权基本相同（接受新会员国、选举行政院成员、制定国联预算专属大会职权）。大会和行政院的决议，除程序性问题外，须全体一致通过。这种表决方式决定了国联难于采取保卫和平安全的有效行动。秘书厅为国联常设事务机构，设有秘书长。国联下设独立机构

国际联盟召开讨论九一八事变的紧急理事会（1931年）

（国际常设法院、国际劳工组织）和许多附属机构。

国联标榜的宗旨为"促进国际间合作，并保持其和平与安全"，实际上它是帝国主义列强，首先是英、法的工具。国联正是适应战胜的帝国主义国家维持战后国际关系体系的需要而产生的，它不仅被用来压制战败国，并且用来反对无产阶级革命运动和民族解放运动。《国联盟约》（第22条）规定委任统治制度，确认战胜国——英国及其自治领地、法国、比利时和日本占有原属于德国和土耳其的殖民地。所谓委任统治制只不过是殖民统治的变种。

由于帝国主义之间的利害冲突，国联在审理和解决国际争端方面成效很少。1924年10月2日，国联大会通过《日内瓦议定书》，规定会员国之间信守和平解决争端，建立仲裁、裁军和安全保障制度，实际上只是一纸空文。国联范围内的裁军谈判旷日持久。国联对日本侵略中国，意大利侵略埃塞俄

比亚，德、意干涉西班牙，德国侵占奥地利，均采取绥靖政策。1939年苏芬战争发生后，在英、法操纵下，国联行政院于同年12月14日通过了开除苏联的决议。第二次世界大战爆发后，国联名存实亡。1946年4月19日正式解散，所属财产和档案移交联合国。

凡尔赛和约

《凡尔赛和约》全称是《协约及参战各国对德和约》。第一次世界大战战胜国同战败国德国缔结的和约。1919年1—6月，在巴黎凡尔赛宫召开巴黎和会，6月28日签订对德和约，翌年1月20日生效。巴黎和会的主要操纵者是英国首相D.劳合·乔治、法国总理G.克列蒙梭和美国总统T.W.威尔逊，他们主宰了和约的制订过程，战败国

则处于被宰割的地位。

和约共 440 条，包括两部分，一是国联盟约，二是对德和约。国联盟约规定了该组织的机构、职能、原则及会员国的义务，确立了委任统治制度。对德和约长达 406 条，主要内容有：

①领土条款，德国将阿尔萨斯和洛林归还法国；北方的奥伊彭等 3 小块领土割让给比利时；海滨地区和西普鲁士的大部分、波兹南地区划归波兰；但泽市为国联管辖下的自由市；石勒苏益格由公民投票决定其归属；上西里西亚等地由公民投票决定归属；萨尔煤矿开采权让与法国，行政权由国联管理 15 年，然后由公民投票决定其归属；德国放弃默麦尔。根据和约，德国领土减少了约 1/8，人口减少了 1/10。

②军事条款，德国陆军限于 10 万人，海军官兵不得超过 1.5 万人；解散德国总参谋部，废除普遍义务兵役制，禁止德国拥有潜水艇和军用飞机及重型武器；在莱茵河左岸和沿右岸宽 50 公里地域设立"莱茵非武装地区"，左岸由协约国军队占领 15 年。

③德国的殖民地和势力范围全部让与战胜国，由英、法、日等国以委任统治名义瓜分。

④关于赔款和经济条款，规定德国及其盟国赔偿协约国因战争所受的一切损失。成立协约国赔款委员会，于 1921 年 5 月 1 日前确定德国赔款总额，在此之前德国应先支付 200 亿金马克赔款；德国关税不得高于他国，战胜国向德国出口货物不受限制；外国商船及军舰可自由出入基尔运河。

巴黎和会是帝国主义战胜国的分赃会议，凡尔赛和约以宰割战败国、牺牲弱小国家的利益为前提。和约无视战胜国之一的中国的主权，将战前德国在中国的特权和势力范围转给日本，激起中国人民的极大义愤，掀起了"五四爱国"运动。

以凡尔赛和约为支柱，构成了战后资本主义世界政治、经济和军事的一般关系和制度，即凡尔赛体系，它将第一次世界大战结束时形成的帝国主义之间的力量对比固定下来。这一体系在一段时期内支配着欧洲的国际关系。由于美国参与欧洲事务不符合其传统的外交思想，美国国会拒绝批准和约。此后，美、英、法、日、意等国展开了新的争夺。许多历史学家认为，由于条约过于苛刻及后来对其条款的执行不认真，为20世纪30年代德国法西斯主义的兴起创造了外部条件。A.希特勒上台后，提出砸碎凡尔赛和约的枷锁，煽动民族复仇主义，宣布恢复义务兵役制，派兵进驻莱茵非武装地区，吞并奥地利，凡尔赛体系宣告彻底瓦解。

凡尔赛-华盛顿体系

第一次世界大战后，英、法、美、日等战胜国通过巴黎和会及华盛顿会议建立的帝国主义和平体系。

1919年1月18日—1920年1月21日，第一次世界大战的战胜国与战败国在巴黎凡尔赛宫召开和平会议。其间，协约国同德国于1919年6月28日签订了《协约及参战各国对德和约》，通称"凡尔赛和约"。和约关于对德和约部分规定：①确定了战后德国的新疆界。德国除将阿尔萨斯和洛林归还法国外，还向丹麦、波兰以及新独立的捷克斯洛伐克割让了大片领土。②德国放弃其海外一切殖民地及领地。其中大部分以国际联盟委任统治的形式为英、法、日所瓜分。如德属太平洋赤道以北的马绍

尔群岛、加罗林群岛及马里亚纳群岛归日本占有；赤道以南的新几内亚划归英国自治领澳大利亚，萨摩亚划给新西兰；德属西南非洲和东非坦噶尼喀归英国；多哥和喀麦隆由英法两国瓜分。③限制德国的军备及确定德国的战争赔款。此外，协约国还同德国的盟国分别签订了和约。1919年9月10日，协约国同奥地利签订了《圣日耳曼条约》，规定匈牙利脱离奥地利成为独立国家，奥地利承认捷克斯洛伐克、塞尔维亚－克罗地亚－斯洛文尼亚王国（1929年改称南斯拉夫）独立，禁止德奥合并；1919年11月27日，协约国与保加利亚签订了《讷伊条约》，保加利亚将大片领土分别割让给罗马尼亚、塞尔维亚－克罗地亚－斯洛文尼亚王国和希腊，并丧失通往爱琴海的出口；1920年6月4日，协约国同匈牙利签订了《特里亚农条约》，匈牙利将约2/3的领土分别划给罗马尼亚、塞尔维亚－克罗地亚－斯洛文尼亚王国、捷克斯洛伐克及奥地利；1920年8月

10日，协约国同奥斯曼帝国签订了《色佛尔条约》，奥斯曼帝国丧失大约3/4的领土，其中大部分在国联委任统治的形式下成为英、法等国的殖民地或保护国。协约国同德国及其盟国缔结的上述一系列和约，构成了帝国主义的凡尔赛体系。

巴黎和会未能解决远东及太平洋问题，美国为打击日本独霸中国的政策，削弱英国的海上霸权并拆散英日同盟，于1921年11月12日—1922年2月6日举行华盛顿会议，美、英、日、中、法、意、比、葡、荷9国出席。1921年12月13日，美、英、法、日签订了《美、英、法、日关于太平洋区域岛屿属地和领地的条约》，通称《四国条约》，以取代英日同盟。1922年2月6日，美、英、法、意、日签订了《美、英、法、意、日五国关于限制海军军备条约》，通称《五国海军条约》，规定5国的主力舰总吨位比例为（美）5：（英）5：（日）3：（法）1.75：（意）1.75；航空母舰总吨位依次

为 13.5 ∶ 13.5 ∶ 8.1 ∶ 6.6 ∶ 6.6。同一天，出席会议的 9 国还签署了有关中国问题的《九国关于中国事件适用各原则及政策之条约》，通称《九国公约》，确定了美国提出的在中国实行"门户开放，机会均等"政策的原则。华盛顿会议实质上是巴黎和会的继续和补充。它最后完成了帝国主义在第一次世界大战后对世界的重新瓜分，从而建立起战后帝国主义国家间的世界新格局，即凡尔赛－华盛顿体系。这个体系，暂时维持了资本主义世界的和平。但是，随着资本主义世界经济、政治危机的发展，以及帝国主义国家间发展不平衡的加剧，自 20世纪 30 年代起，该体系被德、日、意法西斯国家的一系列侵略行径所打破。1939 年 9 月，德国进攻波兰，发动了第二次世界大战，凡尔赛－华盛顿体系彻底崩溃。

洛桑会议

第一次世界大战后重新讨论并签订对土耳其和约的国际会议。1920 年协约国将奴役性的《色佛尔条约》（又译《塞夫勒条约》）强加于战败国土耳其。土耳其人民在 M.凯末尔·阿塔图尔克的领导下，击败英国支持的希腊干涉军，迫使协约国重新讨论对土和约。1922 年11 月 20 日，以英、法、意、日、希、罗、南斯拉夫等协约国为一方，土耳其为另一方，在瑞士洛桑召开和会。美国派观察员出席。英、法排斥苏俄参加对土和会，仅邀请苏、保出席关于黑海海峡问题的讨论。

会议期间，协约国企图保持对土的某种控制；土力争巩固自己的胜利成果，以取得在本土范围内的独立；苏俄则力图通过支持土独立

并维护其主权，以保证自己在黑海地区的安全。会上讨论的重要问题是：①土耳其的疆界和领土。会议最后确认土耳其在其本土范围（安纳托利亚）内的主权和领土完整。土耳其收回在欧洲的东色雷斯，保留对土属亚美尼亚和部分库尔德地区的统治权；但摩苏尔的归属留待英、土双方以后解决。会议还决定取消外国在土的领事裁判权和对土的财政监督权。②土耳其的外债问题。会议决定前奥斯曼帝国所欠外债由其分裂出来的各国分担，土耳其仍须按其份额偿还。③黑海海峡的航行与管理。会议决定：无论平时或战时（只要土是中立国），各国军舰均可自由通行（非黑海沿岸国家驶入黑海的舰队，每国不得超过最强的黑海沿岸国家的舰队）；如土耳其为参战国，中立国军舰可自由通行，其他国家的军舰能否通行由土耳其决定；海峡地区非武装化，但土可在伊斯坦布尔地区驻军1.2万人。海峡水域由与会国组成的海峡委员会管理。

1923年7月24日签订了《协约及参战各国对土耳其和约》（通称《洛桑条约》），以代替《色佛尔条约》。同时还签订了包括上述有关内容的《海峡制度公约》《关于英法意军队撤出土耳其被占领区的议定书》等文件。

《洛桑条约》的签订使土耳其摆脱《色佛尔条约》的奴役枷锁，获得在本土范围内的独立。《海峡制度公约》未能完全保证土耳其对黑海海峡的主权，也没有充分照顾黑海沿岸国家的安全需要。苏俄拒绝批准这个公约。1936年该公约为《蒙特勒公约》所替代。

华盛顿会议

第一次世界大战后，美、英、日等帝国主义国家为重新瓜分远东及太平洋地区的殖民地和势力范围，由美国建议召开的国际会议。又称"太平洋会议"。1921年11月12日至1922年2月6日在华盛顿举行，美、英、法、意、日、比、荷、葡和中国北洋政府的代表团参加。华盛顿会议实质上是巴黎和会（1919）的继续，其目的是要解决《凡尔赛和约》未能解决的问题：帝国主义列强之间关于海军力量对比和在远东、太平洋地区特别是在中国的利益冲突，完善第一次世界大战后帝国主义的所谓和平体系。会议标榜废除秘密外交，实际上所有重大问题都由美、英、法、日4国代表团团长会议先行讨论决定，有时法国也被排斥在外。会议期间签订了三项条约：

《四国条约》 1921年12月13日，签订《美英法日关于太平洋区域岛屿属地和领地的条约》，通称《四国条约》。有效期10年。规定："互相尊重它们在太平洋区域内岛屿属地和岛屿领地的权利"；"缔约国之间发生有关太平洋某一问题的争端"，应召开缔约国会议解决；

缔约国在太平洋区域的权利遭受任何国家威胁时，缔约国应协商采取有效措施。还规定："1911年7月13日英国和日本在伦敦缔结的协定应予终止。"签约当日，4国共同发表声明指出，缔结上述条约，不能认为美国同意委任统治条款，表明美国不受凡尔赛体系约束。

《五国海军条约》 1922年2月6日，签订《美英法意日五国关于限制海军军备条约》，通称《五国海军条约》。规定：美、英、日、法、意主力舰总吨位的比例为 5：5：3：1.75：1.75；航空母舰总吨位比例依次为 13.5：13.5：8.1：6.6：6.6。英国被迫承认美国与英国海军实力的平等地位。美、英达到了限制日本海军力量的目的；作为让步，规定了美、英、日要塞和基地维持原状。

《九国公约》 中国问题是会议中心议题。中国参加会议的三个全权代表为驻美公使施肇基、驻英公使顾维钧和前司法总长王宠惠。1921年11月26日，施肇基提

出《十项原则》，要求尊重并遵守中国"领土之完整及政治与行政之独立"，却又赞同美国要求中国实行的"门户开放"政策。12月14日，王宠惠提出废除1915年日本向中国提出的"二十一条要求"的议案。中国还在会议上提出山东问题。经中、日谈判，1922年2月4日签订《中日解决山东悬案条约》和《附约》，日本被迫交还前德国胶州租借地，但仍保留许多特权。同日，日本代表币原喜重郎发表声明，废除"二十一条"的一些条款。会议期间，顾维钧还提出关税自主、取消在中国的领事裁判权、撤退外国军警、撤销在中国的外国电台和邮局、废止各国在华租借地、取消势力范围、公布秘密条约并由大会决定有疑点条约的效力等议案。其他与会各国只同意将来不划分势力范围、公开秘密条约与契约以及有条件地裁撤外国邮局，其他议案均被否决。同年2月6日，签订《九国关于中国事件适用各原则及政策之条约》，通称《九国公约》。条约规定："尊重中国之主权与独立及领土与行政之完整"；"给予中国完全无阻碍之机会，以发展并维持一有力的巩固之政府"；"施用各种之权势，以期切实设立并维持各国在中国全境之商务实业机会均等之原则"。实质上是要挟中国政府执行"门户开放""机会均等"原则。

华盛顿体系 华盛顿会议签订的各项条约和通过的决议案构成华盛顿体系。这一体系是在承认美国占优势的基础上，确定了凡尔赛体系未能包括的远东、太平洋区域的帝国主义国际关系体系，它是凡尔赛体系的补充，但它并未消除帝国主义之间的矛盾。此后，美、日两国在远东及太平洋地区的争夺愈演愈烈。

洛迦诺会议

20世纪20年代中期，西方国家调整西欧各国关系并在政治上扶植德国的国际会议。会前，法国担心德国恢复实力后再度复仇，希望调整法、德关系，寻求边界的安全保障。英国在防止德国再起复仇方面与法国有共同利害关系，但不愿坐视法国称霸西欧，仍维持其传统的"均势"政策，力求由英国充当法、德边界安全的保证者。德国力主修改《凡尔赛和约》，并加入国际联盟。1925年初，德国先后向英、法、比、意等国送交备忘录，提出与莱茵兰地区有利害关系的国家缔结公约等各项建议，受到欢迎。1925年10月5—16日，英、法、德、意、比、波、捷克斯洛伐克7国代表在瑞士洛迦诺举行会议。美国虽未参加会议，但支持英

国，并对法国施加压力，希望会议达成协议，稳定欧洲政治局势，以利于债务国偿还美国债务，加强美国对欧洲的渗透。

会议讨论了德国西部领土现状、德国与东部邻国的关系以及德国加入国际联盟等问题。德国主张维持其西部边界现状，不愿缔结保证其东部边界安全的条约。法国力求维护德国东西部的边界安全。英国只支持德国西部边界的安全，不愿保证德国与其东部邻国的边界现状。英、法还要求德国无条件地加入国际联盟，利用德国反苏。德国要求参加国际联盟，但拒绝承担《国联盟约》第16条关于对违约国制裁的规定。各与会国经过争吵达成妥协，10月16日草签7个条约、1个议定书，总称《洛迦诺公约》。同年12月1日在伦敦正式签字。1926年9月14日生效。公约包括：洛迦诺会议最后议定书，德、比、法、英、意相互保证条约（又称《莱茵保安公约》），德国同比、法、波、捷4国分别签订的仲

035

裁条约，以及法国同波、捷两国分别签订的相互保证条约。其中最主要的是《莱茵保安公约》，它规定：德、法、比互相保证不破坏《凡尔赛和约》；德、比之间和德、法之间保持边界现状，互不侵犯；遵守《凡尔赛和约》关于莱茵非武装区的规定；承认道威斯计划；通过外交途径或和平方法解决一切分歧问题；英意两国充当公约的保证国，承担援助被侵略国的义务等。公约对德、波之间和德、捷之间的边界不予保证，从而打击了法国在中欧的军事同盟体系，实际上是鼓励德国向东扩张。1926 年 9 月，德国加入国际联盟，取得行政院常任理事国的席位，但保留履行《国联盟约》第 16 条的行动自由。

洛迦诺会议暂时调整了西欧各国的关系，恢复了德国在欧洲的大国地位，削弱了法国的霸权地位，但未能消除战胜国与战败国之间的矛盾。希特勒上台后，1936 年 3 月 7 日德军毁约开进莱茵非武装区。1939 年 4 月，德国宣布废止《洛迦诺公约》。

白里安－凯洛格公约

1928 年由 63 个国家参加签订的 "废弃以战争作为推行国家政策的工具" 的条约。亦称 "非战公约"。法国外长 A. 白里安企图与美国确立紧密联系以增强抑制德国的力量，1927 年 4 月 6 日在巴黎举行的美国参加第一次世界大战十周年庆祝会上发表演说，建议法美缔结条约，永恒友好，互不作战。美国国务卿 F.B. 凯洛格提出反建议，要求先由六大强国签署非战公约，然后邀请各国参加。其目的是企图通过多边非战公约的缔结使美国居于领导地位，贬低英、法操纵的国际联盟的作用。法国不愿因签订多边公约而损害自己苦心经营的反德联盟体系，英国则意在维护其殖民统治，经过 8 个月谈判并附加一系列保留后，才同美国达成协议。1927年 12 月，白里安、凯洛格联合发起召开多边会议。

1928 年 8 月 27 日，美、英（包括英联邦 7 个成员国）、法、德、比、意、日、波、捷克斯洛伐克 15 国的代表在巴黎签订《关于废弃以战争作为推行国家政策的工具的一般条约》，即非战公约。1929年 7 月 24 日正式生效。主要内容是：①废弃以战争作为推行国家政策的工具；②只能用和平方法解决国际争端或冲突。苏联于 1928 年 9 月 6 日宣布正式加入这一公约。截至 1933 年，加入非战公约的有包括中国在内的 63 个国家。

该公约是在世界人民反对帝国主义战争的强大压力下签订的，它只是一般地反对战争而不区分战争的不同性质，而在订约的同时，美、英、法等大国都先后发表备忘录或声明，对公约提出保留条件，声称有权根据实际情况决定是否"诉诸战争"，因而公约既不能解决任何国际纠纷，更不能废止帝国主义战争。但该公约在国际关系中对反对帝国主义战争的斗争有一定的作用，在国际法上也有一定的意义。

绥靖政策

一种对侵略不加抵制、姑息纵容、退让屈服，以牺牲别国为代价，同侵略者勾结和妥协的政策。又称"姑息政策"。第一次世界大战后，各国人民革命的兴起及社会主义苏联的出现，引起帝国主义的恐惧和仇视。它们在争夺世界霸权的斗争中，既想削弱和击败竞争对手，又要反对社会主义，镇压人民革命。绥靖政策正是适应这一需要出现的。英、法、美等国是这一政策最积极的推行者。20 世纪 30 年

代前，绥靖政策主要表现为扶植战败的德国、支持日本充当防范苏联的屏障和镇压人民革命的打手。这从凡尔赛体系、华盛顿体系中可以窥见端倪，在道威斯计划、杨格计划、洛迦诺公约中则更具体化了。到30年代，特别是两个战争策源地形成后，面对德、意、日法西斯的严重挑战，以英国首相张伯伦为代表的英、法、美等国的绥靖主义者，为了维护既得利益，求得一时苟安，不惜以牺牲别国利益为代价，谋求同侵略者妥协，妄图将祸水引向苏联，坐收渔利。1931年九一八事变后，它们容忍日本侵略中国东北；接着，1935年3月容忍希特勒重整军备；1935年8月美国通过中立法；10月容忍意大利侵略埃塞俄比亚；1936年3月放任希特勒武装进占莱茵区；8月对德、意武装干涉西班牙采取"不干涉"政策；1937年7月纵容日本发动全面侵华战争；此后又策划太平洋国际会议，阴谋出卖中国，同日本妥协；1938年3月默许希特勒兼并奥

地利。这些都是绥靖政策的例证。最典型的体现则是1938年9月的慕尼黑会议和《慕尼黑协定》。英、法及幕后支持它们的美国，妄图以牺牲捷克斯洛伐克为代价，在欧洲实现"普遍绥靖"，求得"一代人的和平"，实质上是推动德国进攻苏联。历史证明，绥靖政策是一种纵容战争、扩大战争的政策。它无法满足法西斯国家的侵略野心，却鼓励侵略者冒险，加速了第二次世界大战的爆发。

慕尼黑会议

1938年9月29日至30日在德国慕尼黑举行的英、法、德、意四国以牺牲捷克斯洛伐克为代价，谋求相互妥协与勾结的国际会议。参加者有英国首相张伯伦、法国总理达拉第和德国总理希特勒、意大利

首相墨索里尼。捷克斯洛伐克境内有约300万日耳曼人少数民族，多聚居在苏台德区。德国法西斯利用捷克斯洛伐克民族问题挑起事端，为侵略制造借口。1933年10月，德国扶植苏台德日耳曼人党充当侵略工具。1937年6月，希特勒制定侵略捷克斯洛伐克的"绿色方案"，其侵略行径受到大力推行绥靖政策的英、法政府纵容。同年11月，英国掌玺大臣哈利法克斯伯爵E.F.L.伍德明确向希特勒表示英国将容忍德国"变更"欧洲秩序，

侵占奥地利、捷克斯洛伐克和但泽。1938年3月，德国强行兼并奥地利后，加紧对捷施加政治与军事压力。4月，希特勒唆使日耳曼人党要求苏台德区"自治"。德军同时在德、捷边境集结，进行武力威胁。由于捷举国奋起，决心抵抗，希特勒被迫暂时退却。9月12日，希特勒在纽伦堡发表演说，公开宣布要援助苏台德日耳曼人党。当晚苏台德发生暴乱，出现"九月危机"。边境局势再趋紧张。9月15日，张伯伦赴德国贝希特斯加登同

慕尼黑会议前夕的张伯伦、墨索里尼和希特勒（左起第2、3、5人）

希特勒会谈，一再退让，表示英国"承认苏台德脱离的原则"。9月19日，英、法两国对捷施加压力，迫其割让苏台德区。9月21日，捷被迫接受英、法建议。波、匈也向捷提出领土要求。9月22日，张伯伦再次飞抵德国同希特勒会谈。希特勒又要求兼并更多的领土，并于9月26日以战争相威胁。美国政府虽未直接参与英、法的"调解"活动，但始终支持与德国妥协，并建议为此召开国际会议。

苏联在危机期间一再表示将履行1935年《苏法互助协定》和《苏捷互助协定》承担的义务；甚至表示即使法国不提供援助，只要捷自己抵抗，并请求苏联援助，苏联也将援捷。苏联还建议英、法共同制止侵略，均遭拒绝。

经过幕后策划，由墨索里尼出面斡旋，英、法、德、意4国举行慕尼黑会议。9月30日凌晨签订《德国、联合王国、法国及意大利间的协定》，即《慕尼黑协定》。协定规定：1938年10月10日前将捷克斯洛伐克苏台德地区及同奥地利接壤的南部地区，连同上述地区的一切建筑和设施，移交给德国；日耳曼居民是否占多数尚不确定的地区，暂由国际委员会占领，通过公民投票，决定归属，最后划定边界；英、法对新国界提供保证，当捷克斯洛伐克境内的波兰和匈牙利少数民族问题解决之后，德、意才同意提供保证。会议期间发表了具有互不侵犯条约性质的《英德宣言》，不久法、德也签署了类似宣言。这些宣言实际上不过是一纸空文。慕尼黑会议及协定粗暴地践踏了国际法和国际关系的基本准则，是大国主宰小国、牺牲弱小国家利益进行妥协的一次交易，是绥靖政策登峰造极的表现。慕尼黑会议及协定鼓励和助长了法西斯国家进一步发动侵略战争的野心。同年10—11月，德军占领苏台德区。1939年3月德吞并捷克斯洛伐克全部领土，9月进攻波兰，第二次世界大战爆发。

苏德互不侵犯条约

1939 年 8 月 23 日苏联和德国在莫斯科签订的条约。1939 年 3 月 10 日斯大林在联共（布）第 18 次代表大会上宣布战争危机紧迫时苏联的外交政策是维护和平，同所有国家友好相处，警告德国不要把战争矛头指向苏联，批判西方国家执行不干涉政策，同时表示愿意同它们一道阻止德国发动世界大战。1939 年 3 月 15 日，德国侵占捷克斯洛伐克全境。23 日又占领立陶宛滨海城市默麦尔。4 月 3 日下达旨在消灭波兰的"白色方案"。5 月 22 日又签订《德国意大利军事同盟条约》。苏联在 4—8 月多次主动采取行动同英、法在莫斯科举行关于缔结互助条约和军事协定的谈判，争取建立反侵略的统一战线。但英、法仍奉行绥靖政策，无意与苏联合作。与此同时，英国同德国进行一系列秘密谈判，力求实现英、德合作，把战火引向苏联。在这种情况下，苏联也采取措施调整同德国的关系。1939 年 7 月 18 日苏、德恢复贸易谈判，8 月 19 日签订贸易协定。在此期间，苏联外交人民委员 B.M.莫洛托夫在 8 月 15 日向德国大使提出签订苏德互不侵犯条约的创议。8 月 16 日德外长 J.von 里宾特洛甫指示德国驻苏大使向苏联方面表示他准备赴莫斯科谈判并签约。

1939 年 8 月中旬，苏联的国际处境十分险恶。日本继 1938 年在中苏边境张鼓峰挑起反苏武装冲突后，1939 年 5—8 月又在中蒙边境诺门坎地区向苏联、蒙古军队发动大规模进攻，严重威胁苏联东部地区的安全。日本处心积虑要同德国建立反苏军事同盟，加紧对苏联的战争准备。同时，德国即将进攻波兰，世界大战有一触即发之势。为了苏联的安全，斯大林于 8 月 21 日接受希特勒提出的立即缔结互

不侵犯条约的要求。8月23日苏联同德国签订《苏德互不侵犯条约》，有效期10年。条约规定，缔约双方彼此互不使用武力，任何一方将不参加直接或间接反对他方的国家集团；当一方受到第三国进攻时，另一方不给予第三国任何支持；就彼此有关问题，密切接触，交换情报；和平解决相互间的一切争端。第二次世界大战结束后，西方国家公布了《苏德互不侵犯条约》的《附加议定书》，内容为确定双方在东欧的势力范围。

该条约的签订使苏联得以暂时置身于战火之外。但希特勒之所以签订条约完全是为避免两面作战的权宜之计。条约签订不到两年，德国在西线得手后，便迫不及待地于1941年6月22日撕毁《苏德互不侵犯条约》，对苏联发动突然袭击，挑起苏德战争。中国一些世界史工作者在第二次世界大战史研究中，对苏联决定签订《苏德互不侵犯条约》的利弊得失以及对条约《附加

议定书》的评价，提出了与上述分析不同的观点。

马奇诺防线

法国在第一次世界大战后，为防德军入侵而在其东北边境地区构筑的筑垒配系。以法国陆军部长马奇诺的姓氏命名。

法国对边境工程设防问题的研究始于1919年。1925年制定了在边境构筑独立筑垒地域配系的计划，1927年决定先在其东北边境构筑梅斯、劳特尔和贝尔福3个独立的筑垒地域（前两个筑垒地域在有的文献资料中也分别称为洛林、阿尔萨斯筑垒地域），并于1928年开始施工。由于德国重振武装，法国朝野强烈要求加强法德边境设防。1929年12月马奇诺任陆军部长，经他努力，法国国会于1930年通

过了沿东北部边境修建绵亘防线的巨额拨款。于是，防线即全面展开施工，至1936年基本建成。整个工程耗资达60亿法郎，土方工程量达1200万立方米。鉴于纳粹德国1935年吞并了萨尔区，1936年占领了莱茵兰，法国副总理兼国防部长达拉第遂于1937年决定从马奇诺防线北端，沿整个法国—比利时边境直至加来海峡岸边，构筑达拉第防线，并对马奇诺防线进行加强，工程一直进行到1940年5月德军对法国发起进攻时为止。

马奇诺防线的位置自隆吉永至贝尔福，全长约390千米。包括梅斯筑垒地域、萨尔泛滥区、劳特尔筑垒地域、下莱茵筑垒地域和贝尔福筑垒地域。整个防线由保障地带（纵深4～14千米）和主要防御地带（纵深6～8千米）组成。工程构筑以梅斯和劳特尔两个筑垒地域最强。萨尔泛滥区是利用天然的江河障碍和沼泽地构成的，1935年以后才开始构筑工事，设防最为薄弱。下莱茵筑垒地域以莱茵河、罗讷河－莱茵河运河为天然屏障，仅在莱茵河沿岸地区构筑了由永备射击工事组成的支撑点。在梅斯和劳

筑垒守备部队进入马奇诺防线工事

特尔筑垒地域的最重要地段构筑有地面和地下部分相结合、适于环形防御的综合工事群。其地面部分为装甲或钢筋混凝土的机枪工事和火炮工事，地下部分有数层，包括指挥所、人员休息室、食品储藏室、弹药库、救护所、电站、过滤通风室等。工事之间都有通道连接，通电动车。射击工事内的武器都是专门设计安装的。整个防线共构筑各种用途的永备工事约 5800 个，密度达到每千米正面 15 个。最坚固的钢筋混凝土工事的顶盖和墙壁厚度达 3.5 米，装甲塔堡的装甲厚度达 300 毫米，均能抗 420 毫米白炮炮弹两发直接命中。防线内的防坦克障碍物主要有防坦克壕、崖壁、断崖及金属和混凝土桩砦，并用地雷场加强。防步兵障碍物一般为金属桩或木桩铁丝网，有的地段还设置了通电铁丝网。

马奇诺防线的建成，使纳粹德国军队不得不避开德法边境正面，另选进攻法国的方向。1940 年 5—6 月，德军主力 A 集团军群通过阿登高原，迂回马奇诺防线左翼，在蒙梅迪附近突破达拉第防线，装甲群前进到加来海峡岸边，占领了法国北部。接着 A 集团军群配合 C 集团军群，以一部分军队南下进抵马奇诺防线的后方，使防线丧失了作用。防线陷落的根本原因，除法国在政治上实行绥靖主义的错误政策外，还因为法国在战争指导上犯了严重错误。它实行消极防御战略，片面强调防线的作用，不重视装甲兵和航空兵的发展，缺乏战略预备队。对德军进攻方向和进攻能力缺乏正确判断，完全没有预料到德军装甲兵和摩托化步兵部队在良好的工程保障条件下能够通过阿登山区进攻法国。马奇诺防线本身也存在弱点，主要是没有形成较大的防御纵深，工事只适合消极防御的需要，不能保障守备部队广泛机动和适时出击。另外，防线的左翼，因达拉第防线工程薄弱而得不到可靠的掩护。

大西洋宪章

亦称《罗斯福丘吉尔联合宣言》。第二次世界大战期间，美、英两国政府首脑会晤后宣布对德作战目的的纲领性文献。1941年8月9—12日，美国总统F.D.罗斯福和英国首相丘吉尔在大西洋东北部的纽芬兰阿根夏湾的美国军舰"奥古斯塔"号上举行会晤。8月14日发表了联合宣言，史称《大西洋宪章》，凡8条，主要内容是：两国不追求领土或其他方面的扩张；反对未经有关民族自由意志所同意的领土变更；尊重各民族自由选择其政府形式的权利，恢复被剥夺权利的国家；努力促使一切国家取得世界贸易和原料的平等待遇；促成一切国家在经济方面最全面的合作；在彻底摧毁纳粹暴政后确立和平，以使各国人民都能在其疆土之内安居乐业，使全体人类自由生活，无所恐惧，不虞匮乏；一切人类可以横渡公海大洋，不受阻碍；放弃使用武力，在永久的普遍安全制度建立之前解除侵略国的武装，以减轻爱好和平人民对于军备的沉重负担等。宪章对鼓舞世界人民的反法西斯斗争，促进反法西斯联盟的形成起了积极的历史作用，并成为以后联合国宪章的基础。宪章也反映了美英的现实考虑和长远利益，暴露了它们之间的利害冲突。罗斯福力图把"机会均等"和"航行自由"等原则列入宪章，图谋打入并控制英国殖民地，遭到丘吉尔的强烈反对。苏联代表于1941年9月24日在伦敦召开的同盟国会议上宣读了苏联政府同意大西洋宪章基本原则的声明，同时表示有一定的保留，并强调指出在实际运用时必须与各国状况、需要和历史特点相适应。中国共产党1941年8月19日发表的《中共中央关于最近国际事件的声明》中指出，联合宣言表示了英美打倒法西斯主义的决心，有利于苏联，有利于英美，有利于中国，有利于世界，全中国人民都欢迎宣言。同时又指出宣言未提日本之名，第 4 条暗示可与日本通商及供应原料，第 7 条暗示允许日本移民，仍在企图拉拢现状维持派，表示其愿与日本妥协的一面。

莫斯科会议

第二次世界大战期间及战后初期，苏、美、英三国为了共同抗击法西斯和解决迫切的国际问题，在莫斯科举行的几次国际会议。

1941 年部长级会议（1941 年 9 月 29 日—10 月 1 日） 出席会议的有苏联外交人民委员 B.M.莫洛托夫，美国总统特使 W.A.哈里曼，英国军需大臣 W.M.A.比弗布鲁克。会议任务是商讨如何有效地援助苏联作战。当时德苏战争已进行 3 月余，德军进逼莫斯科，苏军亟需盟军协同作战和加强支援。美、英当局也认识到最终打败纳粹德国要靠苏联陆军。罗斯福曾致函斯大林，表示将提供一切可能的物资援助。丘吉尔表示，愿从英国的美援定额中拨出部分物资支援苏联。会议于 10 月 1 日签订对苏供应议定书，规定从 1941 年 10 月至 1942 年 6 月，美、英两国每月向苏联提供飞机 400 架（100 架轰炸机和 300 架战斗机）、坦克 500 辆和其他武器、军用物资；苏联则向美、英提供军工原料；美、英还承担协助运输供给苏联的武器物资的义务。11 月 7 日，罗斯福宣布《租借法案》适用于苏联，向苏联提供 10 亿美元无息贷款。会议签订的议定书未能满足苏联的全部要求，但这些援助仍然是对苏联的重大支持。会议也未能解决盟国协同作战的重大战略问题，特别是在西欧开辟第二战场的问题，但对推动反法西斯联盟的建立和促进苏、美、英三国战时合作起了积极作用。

第一次外长会议（1943年10月19—30日） 出席会议的有苏联外交人民委员莫洛托夫、美国国务卿C.赫尔、英国外交大臣R.A.艾登。会前，第二次世界大战已发生历史性转折，同盟国取得了战略进攻的主动权；美、英改变了过去按兵不动的消极战略，采取了局部性的军事进攻，但仍拖延开辟欧洲第二战场。苏联与美、英的关系处于冷淡状态。为协调彼此的战略与政策、改善盟国之间的关系，解决迫切的国际问题，三国政府决定先行召开外长会议，为正在酝酿中的三国政府首脑会议作准备。三国分别提出议程：苏联关心1944年春在欧洲开辟第二战场；美国重视四国宣言和维护和平的国际组织；英国希望建立盟国磋商与战争有关的欧洲机构。在多达12次的会谈中争论激烈，但为维持战略关系，三方均有所妥协。首先讨论缩短战争时间，即开辟第二战场问题。苏联要求会议把落实第二战场的开辟放到首位，明确规定开辟的具体日期。

英国代表采取回避态度。英、美提出在西欧登陆的3项条件：气候有利；德空军大量缩减；德在法预备队不超过12个师。最后在公报上写明：三国认为"加速战争的结束是首要的目的"，但对开辟第二战场的日期并未承担明确义务，只是把1944年春英、美进攻法国北部的决定依然有效一事列入记录。会上对其他迫切政治问题达成一些协议：①通过《关于普遍安全宣言》，宣称将合作把战争进行到底，争取早日建立一个普遍性的国际组织，用以维护世界和平与安全，所有国家无论大小，均可加入这个国际组织。鉴于中国人民抗日战争对全世界反法西斯战争作出重大贡献，中国作为四大盟国之一的地位理应受到尊重，在赫尔建议下，三国外长同意由中国驻苏大使傅秉常受权签字，成为四国宣言。②通过《关于意大利的宣言》，宣布必须彻底消除法西斯主义及其后果，意大利人民应按民主原则建立政府和其他机构；成立意大利咨询委员会以研究处理有关意大利问题。③三国协议，应迫使德国交出 1938 年以来占领的全部领土，东普鲁士应同德国分离；成立欧洲咨询委员会以研究处理有关德国问题。④三国代表 32 个联合国家由三国首脑签署发表《关于德国暴行宣言》，声称凡曾在被占领国施行暴行者，应在犯罪地点由人民审判，主要战犯将根据盟国共同的决定惩办。⑤通过《关于奥地利的宣言》，声称应重建一个自由独立的奥地利，1938 年 3 月 15 日德、奥合并无效。⑥三国协议，收到敌国有关和平试探或媾和建议，应互通情报和协商解决。⑦就三国首脑会晤地点交换意见，解决了北海运输复航问题。此外，斯大林还委托赫尔秘密转告罗斯福，"在盟国打败德国以后，苏联将参加对日作战"。会议在一定程度上改善了盟国之间关系，解决了一些涉及战争进程及战后格局的重大问题，体现了反对法西斯和实现民主的重要原则，并为三国首脑会议铺平了道路。

第二次外长会议（1945 年 12 月 16—26 日） 出席会议的有苏联外交人民委员莫洛托夫、美国国务卿 J.F. 贝尔纳斯、英国外交大臣 E. 贝文。会议讨论了战后欧洲和远东的一些重大问题。会议决定：①立即恢复草拟对意、罗、保、匈、芬和约，只有停战协定签字国才有资格参与和约条款的初步审议，和平会议召开日期不应迟于 1946 年 5 月 1 日。②为管制日本，成立设在华盛顿的远东委员会和设在东京的盟国对日管制委员会。③美、英两国表示将承认改组后的罗马尼亚政府和保加利亚政府。④三国外长一致同意，应在中国实现统一与民主，国民政府各部门应有民主人士广泛参加，中国内战必须停止，苏、美等外国军队应迅速撤离中国，三国应遵守不干涉中国内政的政策。⑤争取早日成立朝鲜临时政府，设立苏美联合委员会以帮助实现这一目标。⑥赞成向联合国提议设立原子能管制委员会。会议在讨论波斯（伊朗）问题时，未取得一致意见。会议表明，三国虽再度妥协，但无法消除彼此之间的矛盾与利益冲突。此后，随着矛盾的激化，美、英与苏联之间战时的合作关系便为相互抗衡所取代。

联合国家宣言

第二次世界大战中反法西斯盟国对德、意、日法西斯国家作战的第一个共同纲领性文件。1941年12月，日本侵略者发动了太平洋战争，英、美两国在亚洲和太平洋地区的利益蒙受重大损失，被迫对日宣战。为了商讨对策，拟定作战计划，提高国际声望，1941年12月，美国总统罗斯福、英国首相丘吉尔在华盛顿举行会谈，倡议对法西斯国家作战各国签署一项宣言。经与苏联磋商并告知有关国家后，1942年1月1日，中国、美国、英国、苏联、澳大利亚、比利时、加拿大、哥斯达黎加、古巴、捷克斯洛伐克、多米尼加、萨尔瓦多、希腊、危地马拉、海地、洪都拉斯、印度、卢森堡、荷兰、新西兰、尼加拉瓜、挪威、巴拿马、波兰、南非联邦和南斯拉夫等26个国家的代表在华盛顿签署了《联合国家宣言》。嗣后又有21个国家陆续在宣言上签字。宣言表示赞同《大西洋宪章》的宗旨和原则，宣告各国政府保证使用全部的军事和经济资源，反对让它们处于战争状态的德意日三国及其仆从国；每个国家的政府保证互相合作，不与敌人缔结单独停战协定或和约。宣言最后表示，凡在战胜希特勒主义斗争中给以物质上援助和贡献的国家，均可加入本宣言。宣言的发表标志着国际反法西斯联盟的形成与壮大，为创建联合国组织奠定了基础。

联合国

第二次世界大战后为维护国际和平与安全而建立的国际组织。

成立经过 1942年1月1日，中、苏、美、英等26个反法西斯同盟国家代表在华盛顿签署《联合国家宣言》，保证继续对德、日、意等轴心国协同作战。"联合国"一词，是在1941年12月起草宣言过程中，由美国总统罗斯福提出的。美国认为，只有建立一个以几大国组成的国际安全机构为核心的单一的普遍性国际组织，才能维持战后世界秩序和国际和平。1943年10月30日，中、苏、美、英四国在莫斯科发表《普遍安全宣言》，提出有必要建立一个普遍性的国际组织。1944年8—10月，苏、英、美三国代表和中、英、美三国代表先后在华盛顿的敦巴顿橡树园举行会谈，讨论和拟订组织联合国的建议。1945年4月25日，来自50个国家（波兰因故未参加）的282名代表在美国旧金山举行联合国国际组织会议。6月26日，51国代表签署《联合国宪章》（波兰事后补签）。宪章规定，联合国安全理事会决定实质性问题时采取"大国一致"规则，即中、法、苏、英、美5个常任理事国拥有"否决权"。同年10月24日，联合国正式成立。51个宪章签字国为创始会员国。中国是联合国的创始会员国之一，但由于美国的阻挠，中华人民共和国在联合国的合法权利直到1971年10月才得到恢复。

宗旨和原则 《联合国宪章》规定，联合国作为协调各国行动的中心，宗旨是维护国际和平与安全，发展各国之间的友好关系，促进国际合作。联合国遵循下述原则："所有会员国主权平等"，"各会员国应该忠实履行它们依宪章规定所承担的义务"，"各会员国应该用和平的方法解决它们的国际争

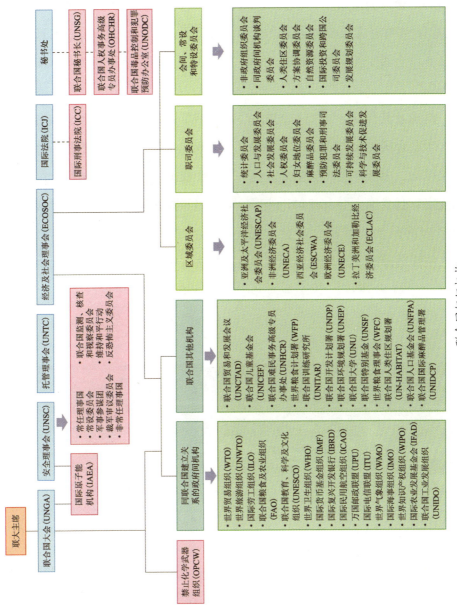

联合国组织机构

联大主席

联合国大会 (UNGA)
- 国际原子能机构 (IAEA)

安全理事会 (UNSC)
- 常任理事国
- 常设委员会
- 军事参谋团
- 裁军审议委员会
- 非常任理事国

托管理事会 (UNTC)
- 联合国监测、核查和视察委员会
- 维持和平行动
- 反恐怖主义委员会

经济及社会理事会 (ECOSOC)

国际法院 (ICJ)
- 国际刑事法院 (ICC)

秘书处
- 联合国秘书长 (UNSG)
- 联合国人权事务高级专员办事处 (OHCHR)
- 联合国毒品控制和预防办公室 (UNODC)

禁止化学武器组织 (OPCW)

同联合国建立关系的政府间机构
- 世界贸易组织 (WTO)
- 世界旅游组织 (UNWTO)
- 国际劳工组织 (ILO)
- 联合国粮食及农业组织 (FAO)
- 联合国教育、科学及文化组织 (UNESCO)
- 世界卫生组织 (WHO)
- 国际货币基金组织 (IMF)
- 国际复兴开发银行 (IBRD)
- 国际民用航空组织 (ICAO)
- 万国邮政联盟 (UPU)
- 国际电信联盟 (ITU)
- 世界气象组织 (WMO)
- 国际海事组织 (IMO)
- 世界知识产权组织 (WIPO)
- 国际农业发展基金会 (IFAD)
- 联合国工业发展组织 (UNIDO)

联合国其他机构
- 联合国贸易和发展会议 (UNCTAD)
- 联合国儿童基金会 (UNICEF)
- 联合国难民事务高级专员办事处 (UNHCR)
- 世界粮食计划署 (WFP)
- 联合国训练研究所 (UNITAR)
- 联合国开发计划署 (UNDP)
- 联合国环境规划署 (UNEP)
- 联合国大学 (UNU)
- 联合国特别基金 (UNSF)
- 世界粮食理事会 (WFC)
- 联合国人类住区规划署 (UN-HABITAT)
- 联合国人口基金 (UNFPA)
- 联合国国际麻醉品管理署 (UNIDCP)

区域委员会
- 亚洲及太平洋经济社会委员会 (UNESCAP)
- 非洲经济委员会 (UNECA)
- 西亚经济社会委员会 (ESCWA)
- 欧洲经济委员会 (UNECE)
- 拉丁美洲和加勒比经济委员会 (ECLAC)

职司委员会
- 统计委员会
- 人口与发展委员会
- 社会发展委员会
- 人权委员会
- 妇女地位委员会
- 麻醉品委员会
- 预防犯罪和刑事司法委员会
- 可持续发展委员会
- 科学与技术促进发展委员会

会同、常设和特设委员会
- 非政府组织委员会
- 同政府间机构谈判委员会
- 人类住区委员会
- 方案协调委员会
- 自然资源委员会
- 国际投资和跨国公司委员会
- 发展规划委员会

端"，"各会员国对联合国依照宪章采取的一切行动应给予一切援助"，"宪章任何规定均未授权联合国干涉在本质上属于任何国家国内管辖的事项"。

机构及其作用　主要机构有6个：①联合国大会。联合国主要的审议机构，由全体会员国组成。宪章规定，联合国大会有权讨论宪章范围内的政治、经济、社会、托管、法律等问题，并向会员国或安全理事会提出建议。②安全理事会。负有维护和平与安全的主要责任的机构，在联合国各机构中，只有安理会有权作出根据宪章规定各会员国必须执行的决定。安理会由中、法、苏、英、美5个常任理事国和10个非常任理事国组成。常任理事国在实质性问题上拥有"否决权"。③经济及社会理事会。在大会权力之下负责协调联合国和各专门机构的工作，研究国际经济、社会、文化、教育、卫生等事项，并就这些问题向大会、各会员国和专门机构提出建议。④托管理事会。负责监督托管领土的管理，以

1974年4月10日邓小平在联合国第六次特别会议全体会议上发言

促进托管领土的自治或向独立方向逐渐发展。⑤国际法院。联合国的主要司法机构。⑥秘书处。任务是为联合国其他机构服务，并执行这些机构制定的计划和政策。秘书处的首脑是秘书长，由大会根据安理会的推荐任命。

联合国其他机构有：联合国贸易和发展会议，联合国儿童基金会，世界粮食计划署，联合国开发计划署，联合国环境规划署等。同联合国建立关系的机构有：国际原子能机构，国际劳工组织，联合国粮食及农业组织，联合国教育、科学及文化组织，世界卫生组织，国际复兴开发银行，国际开发协会，国际金融公司，国际货币基金组织，国际民用航空组织，万国邮政联盟，国际电信联盟，世界气象组织，国际海事组织，联合国工业发展组织，世界知识产权组织，世界贸易组织等。这些机构在促进世界社会、经济、文化、教育、卫生的发展和保护妇女儿童、环境等方面，做了大量工作。

总部及机关刊物 联合国总部

《联合国宪章》签字仪式

设在美国纽约，联合国欧洲办事处设在瑞士日内瓦。联合国大会、安全理事会和其他机构的会议，通常都在总部举行。总部机关刊物有《联合国纪事》《联合国年鉴》等。

魁北克会议（1943，1944）

第二次世界大战期间，美国总统罗斯福、英国首相丘吉尔及两国高级军政官员，在加拿大魁北克举行的两次战略会议。

第一次魁北克会议（代号"四分仪"，又称"象限"） 1943年8月14—24日举行。会议目的是研究欧洲作战的战略，并就与太平洋战场的有关问题达成协议。出席会议的还有加拿大总理。中国国民政府代表宋子文参加了对日本作战的讨论。会议在讨论盟军1944年在法国北部登陆问题上发生严重分歧。英国提出英、美军队在意大利推进和向南欧巴尔干进军的计划，继续反对在西欧开辟第二战场。美国则力主盟军在西欧的主要任务应当是横渡英吉利海峡进攻欧洲大陆。英国的企图没有得逞。会议再次确认，"霸王"作战计划应比任何地中海新计划占有优先地位。会议批准以"铁砧"作战计划（后改称"龙骑兵"）配合"霸王"计划，即决定从地中海向法国南部登陆，以支持横渡英吉利海峡的主要战斗。在对日作战计划方面，会议决定在缅甸重新发动攻势，以建立联系中国的中、缅陆上交通线（即滇缅公路），并准备在德国崩溃后12个月内击败日本。此外，会议还讨论并解决了美、英盟军指挥权分工的问题，由美国将领指挥"霸王"战役，地中海战区的最高指挥权则移交给英国将领；签订了共同制造和使用原子弹的秘密协定；讨论了法国民族解放委员会的地位问题和美、英、苏、中

罗斯福（左二）、丘吉尔（左三）等人在魁北克会议（1943年）期间的合影

关于普遍安全宣言草案；商定了意大利投降的条件。

第二次魁北克会议　1944年9月11—16日举行。当时，美、英等国已在西欧开辟第二战场。苏军正向东欧、中欧挺进，德军面临三面被围攻态势。会议着重讨论欧洲作战战略和处理德国的问题。会议决定，盟军应在西线全速挺进，突击鲁尔和萨尔，攻占德国的心脏地区；在意大利保持盟军原有兵力以牵制德军；战事如转至中欧，则应抢在苏军之前攻占维也纳。美、英就占领德国区域达成协议：东部为苏占区，西北部为英占区，西南部为美占区。两国首脑决定加紧在缅甸和太平洋地区对日发动攻势。丘吉尔决定调动英国舰队主力到太平洋作战，罗斯福表示赞赏。双方估计欧洲战事结束18个月后才能击败日本。

两次魁北克会议既反映了美、英对法西斯国家协调作战的努力，也反映了两国因各自利益而形成的

战略分歧。会议达成的协议虽然照顾了双方的利益，但美国由于实力雄厚，在两国关系中始终占据主导地位。

开罗会议

第二次世界大战期间，1943年11月22日至26日，中、美、英三国政府首脑在开罗举行的国际会议。参加会议的有美国总统罗斯福、英国首相丘吉尔和中国国民政府主席蒋介石。1943年是第二次世界大战根本转变的一年，为了加强反法西斯同盟国之间在军事和政治上协调行动，讨论制定联合对日本作战计划和解决远东问题，决定举行这次会议。会上，丘吉尔对中国抗日战争缺少热情，对东南亚盟军最高司令蒙巴顿提出的打击驻缅甸北方日军的作战计划也不感兴趣，但又极力维护其在远东和中国的地位和利益。蒋介石希望在缅北发动战役，促使美国增加对华军需供应，以维持其统治。罗斯福则打算武装国民党军队，加强蒋介石的实力地位，并加强对中国的影响和控制。经过争论制订了对日作战计划。会议签署了《中美英三国开罗宣言》，简称《开罗宣言》。会议结束后，《开罗宣言》经斯大林同意于1943年12月1日公布于世。

宣言声明：对日作战的目的在于制止并惩罚日本侵略，决不为自身图利，亦无拓展领土之意；剥夺日本自第一次世界大战开始后在太平洋地区所夺得或占领之一切岛屿；日本攫取的中国领土，如满洲（中国东北）、台湾、澎湖列岛等归还中国，日本亦将被逐出于其以暴力或贪欲所掠夺的所有土地；在相当时期，使朝鲜自由独立。宣言最后声称：将坚持长期作战以迫使日本无条件投降。

《开罗宣言》是一份关于台湾地位的国际法文件，它从法律上明确了日本侵占台湾的非法性，确认了台湾是中国领土的法律地位。它也是确定日本侵略罪行及战后处理日本问题的重要国际文件。中国人民一贯拥护和坚决贯彻开罗会议的决定，为战胜日本法西斯、争取国际和平进行了英勇斗争。

德黑兰会议

第二次世界大战期间，1943年11月28日至12月1日，苏、美、英三国政府首脑在伊朗首都德黑兰举行的国际会议，也是三巨头的第一次会晤。参加者有苏联人民委员会主席斯大林、美国总统罗斯福和英国首相丘吉尔以及三国外交部长和参谋长。

1943年，世界反法西斯战争发生战略转折，同盟国开始反攻；法西斯轴心国转为防御和退却，但仍在负隅顽抗。苏联政府希望美、英尽快在西欧开辟第二战场，早日结束战争。美国则期待苏联参加对日本作战，以减轻它在太平洋战场的损失。英国更多地关心它在欧洲的政治影响和经济利益。为了加强合作和协调对德、日作战问题，经过1943年10月苏、美、英三国外长莫斯科会议的筹备，召开了此次会议。

会议着重研究在西欧早日开辟第二战场。苏联要求优先讨论并落实第二战场的具体实施。丘吉尔却坚持其"地中海战略"，后又提出从西路进入西欧的新方案。罗斯福不赞成英国方案，主张实施西欧登陆。最后会议决定苏、美、英三国从东、西、南三面向德国发起进攻。为此，美、英军队定于1944年5月在西欧开辟第二战场；而苏军定在差不多同一时间发动攻势，以便阻止德军从东线调到西线。关于战后波兰的边界问题，会议同意波兰国界应向西移，即将德国东部的一些地区并入波兰。三国首脑就

战后德国问题交换了意见，决定设立欧洲咨询委员会研究欧洲问题，同意战败后的德国由盟军分区占领。罗斯福介绍了战后建立维持和平机构（即后来的联合国组织）的设想。斯大林表示，打败德国后苏联愿参加对日作战。会议秘密签订了《苏美英三国德黑兰总协定》。会后发表了《关于伊朗的宣言》和《德黑兰宣言》。《德黑兰宣言》宣布，三国决心在战争方面以及在战后的和平方面进行合作，声明三国已就从东面、西面和南面进行军事行动的规模和时间达成完全的协议。

德黑兰会议是第二次世界大战期间一次极其重要的国际会议，在反法西斯战争中产生了巨大作用和影响。它是反法西斯同盟团结和壮大的重要标志，是反法西斯同盟国取得战争胜利的重要因素。

雅尔塔会议

1945年2月4—11日，苏、美、英三国政府首脑在苏联克里木半岛雅尔塔举行的国际会议。又称"克里米亚会议"。参加会议的有苏联人民委员会主席斯大林、美国总统罗斯福和英国首相丘吉尔以及三国外交部长、参谋长和顾问。

当时，第二次世界大战进入后期，苏联和英、美等国军队从东西两线向德国本土推进，德国法西斯败局已定。在远东和太平洋地区，日本法西斯军队尚在负隅顽抗。为了协调盟国关系，商讨最后打败德、日的计划及研究处置战败的德国，安排欧洲事务和战后和平等重大事项，举行了此次会议。

会议内容 会议讨论的问题范围广泛，主要是：①处置德国问题。三国制定了最后击败德国、迫使其无条件投降的计划。德国投降后，三国将对德国实行分区占领，设立盟国中央管制委员会进行协调管理。三国同意从英美两国占领区划出一个地区，交由法国占领，并邀请法国参加盟国对德管制委员会。会议决定德国必须解除武装，解散总参谋部，拆除军事设施和军事工业，惩办战犯，并在全国政治、经济和文化生活中消除一切纳粹主义和军国主义的势力与影响。会议同意以苏联提出的德国赔偿总额为 200 亿美元、其中 50% 应归苏联所有的建议作为讨论的基础，决定设置赔偿委员会处理德国赔偿问题。②波兰问题。会议决定，波兰东部边界当依照寇松线，在若干区域应作出对波兰有利的 5～8 千米的逸出。波兰必须在北方和西方获得领土上的让予，即波兰将从德国获得领土的补偿，补偿范围应征询新的波兰临时民族统一政府的意见。波兰西部的最后疆域定界待后解决。关于波兰政府的组成问题，会议达成原则协议：现今在波兰行使职权的临时政府，应该在更广泛

斯大林、罗斯福和丘吉尔（从右至左）出席雅尔塔会议

的基础上实行改组，以容纳国内外民主领袖。由美、英驻苏大使会同苏联外长 V.M. 莫洛托夫在莫斯科与波兰临时政府委员会以及波兰国内外其他民主领袖进行会晤，以便根据上述方针改组现政府。③远东问题。1945 年 2 月 11 日，苏、美、英三国政府首脑秘密签订《三国关于远东问题的协定》，即《雅尔塔协定》。苏联同意在欧洲战争结束后两三个月内参加对日作战。为此，美英两国答应苏联提出的下列条件：维持外蒙古（蒙古人民共和国）现状。苏联重新取得 1904—1905 年日俄战争中丧失的俄国以前的权益：甲，库页岛南部及邻近一切岛屿交还苏联；乙，大连港国际化，苏联租用旅顺港为海军基地；丙，设立一个苏中合办的公司以共同经营中东铁路和南满铁路；丁，千岛群岛交予苏联。上述规定由美国总统，以取得蒋介石同意。苏联还表示同意与中国国民政府签订友好同盟条约。④联合国问题。会议就安全理事会的投票问题的折中方案达成了协议。苏联撤回 16 个加盟共和国都成为联合国大会成员国的要求。决定于 1945 年 4 月 25 日在美国旧金山召开联合国国际组织会议，以便成立联合国。会议通过《被解放的欧洲的宣言》，并讨论了南斯拉夫、伊朗、巴尔干以及遣送战俘等问题。会议最后签署了《英美苏三国克里米亚（雅尔塔）会议公报》《克里米亚（雅尔塔）会议议定书》。

会议评价　雅尔塔会议是第二次世界大战期间一次重要的国际会议，其一系列决定有利于以同盟国的联合力量击败德、日法西斯，制裁德国和维护战后的世界和平。但《雅尔塔协定》有关中国的条款是背着中国人民做出的有损中国主权和利益的决定，是大国主义和强权政治的表现。会议反映出苏、美、英三国对战后世界安排问题上的不同意图和矛盾，对战后国际关系的格局有着重大影响。

纽伦堡审判

1945—1946 年欧洲国际军事法庭在德国纽伦堡对第二次世界大战期间纳粹德国的首要战争罪犯和犯罪组织进行的审判。1943 年 10 月 30 日的苏、美、英三国《莫斯科宣言》规定，战后将把战犯押往犯罪地点，由受害国根据国内法进行审判。1945 年 8 月 8 日，苏、美、英、法四国签署的《伦敦协定》和《欧洲国际军事法庭宪章》进一步规定，由四国各指派一名法官和一名预备法官组成国际军事法庭，对无法确定其具体犯罪地点的纳粹德国首要战犯进行统一审判。国际军事法庭第一次审判于 1945 年 10 月 18 日在柏林举行，1945 年 11 月 20 日移至德国纽伦堡城。审判于 1946 年 10 月 1 日结束。法庭对 24 名（其中 1 人自杀、1 人丧失行为能力）被告中的 22 人作了宣判：H.戈林、M.博尔曼、H.弗兰克、W.弗里克、A.约德尔、E.卡尔滕布龙纳、W.凯特尔、J.von 里宾特洛甫、A.罗森贝格、F.绍克尔、A.赛斯－英夸特、J.施特赖歇尔 12 人被处绞刑，其中 10 人被执行（戈林刑前自杀，博尔曼缺席审判）。W.冯克、R.赫斯、E.雷德尔 3 人被判无期徒刑，B.von 希拉赫、A.施佩尔、K.邓尼茨、K.F.von 纽赖特 4 人分别被判 10 ～ 20 年徒刑，H.弗里切、F.von 巴本、H.G.H.沙赫特 3 人被释放。在被起诉的组织和团体中，党卫军、特别勤务队和国家秘密警察以及纳粹党元首兵团被宣布为犯罪组织。德国内阁、参谋总部和国防军最高统帅部以及冲锋队被判无罪。

美国军事法庭在纽伦堡城对在纳粹德国政治、经济和军事机构与组织中身居要职的 177 名被告进行了 12 项后续审判：①医生审判（针对在战俘和集中营囚犯身上做医学试验）；②米尔希审判（针

对 E.米尔希元帅）；③法官审判（针对利用法律迫害犹太人和纳粹党反对派的高级司法官员）；④波尔审判（针对党卫军集中营管理机构的领导人 H.von 波尔）；⑤弗里克审判（针对大量使用外国强制性劳工的 F.弗里克总裁和他的康采恩）；⑥法本公司审判（针对法本公司在占领区的活动）；⑦杀害人质审判（针对在东南欧反游击战中杀害人质的将军）；⑧种族和移民局审判（针对党卫军的种族计划）；⑨党卫军特别行动部审判（针对奥伦多尔夫及其他特别行动部队的指挥官）；⑩克虏伯审判（针对克虏伯康采恩及其领导人）；⑪威廉大街审判（针对外交部高级官员及几个政府部长的破坏和平罪）；⑫国防军最高统帅部审判（针对最高统帅部的高级军官）。后续审判判处 24 人死刑（其中 12 人被执行），释放 35 人，其余被判有期徒刑。但到 1956 年即全部被释放。

纽伦堡审判根据下述 4 条罪行起诉和定罪：①策划、准备、发动或进行战争罪。②参与实施战争的共同计划罪。以上两条罪行合起来被称为"破坏和平罪"。③战争罪（指违反战争法规或战争惯例）。④违反人道

在纽伦堡欧洲国际军事法庭被告席上的纳粹战犯（后两排）

罪（指对平民的屠杀、灭绝和奴役等）。纽伦堡审判为以后对破坏和平罪的审判奠定了基础，标志着国际法的重大发展。

波茨坦会议

1945年7月17日至8月2日，苏、美、英三国政府首脑在柏林西郊的波茨坦举行的国际会议。又称"柏林会议"。参加者有苏联人民委员会主席斯大林、美国总统杜鲁门和英国首相丘吉尔（7月28日后是新任首相艾德礼）以及三国的外交部长和顾问。

1945年5月8日，德国政府无条件投降，欧洲战争结束。在远东，日本法西斯仍在负隅顽抗，但日本天皇已想媾和。在这种情况下，如何分享战争胜利果实，如何安排战后政治格局，成为苏、美、

英共同关注的问题。为了研究处置德国，商讨对日本作战和解决欧洲其他问题，苏、美、英三国举行了波茨坦会议。8月2日签署了《苏美英三国柏林（波茨坦）会议议定书》和《柏林（波茨坦）会议公报》两个内容基本相同的文件，通称《波茨坦协定》。

《波茨坦协定》 协定决定为进行关于缔结和约所必需的准备工作，设立由英、苏、中、法、美五国外长组成的外长会议。协定确定了占领德国的基本原则。其中政治原则是：非军国主义化、民主化和肃清纳粹主义。为此规定，德国境内的最高权力由美、英、苏、法四国占领军总司令遵照本国政府的指令，分别在其各自的占领区内实行。他们以管制委员会成员的身份共同处置有关全德事宜。解除德国全部武装，废除一切军事机构，解散一切纳粹组织，废止一切纳粹法律，逮捕并审判战争罪犯，永远防止德国军国主义及纳粹主义的复活或改组。德国一切民主党派应被准

许成立并恢复自由活动权利。司法制度、教育及整个政治生活都在民主基础上重新建立，以实现政治民主化。德国行政应以政权分散和发展地方政府权限为原则。处理德国的经济原则是：消灭德国作战潜力，禁止军事生产，铲除或控制可用作军事生产的一切工业；消灭垄断造成的过分集中，发展和平经济，并把德国视为一个经济单位。关于德国赔偿问题，苏、美、英向德国所提的赔偿要求，将以德国境内的物资及适当的德国国外资产予以满足，苏联并可由西方占领区获得赔偿。德国的舰队和商船队由苏、美、英三国均分。柯尼斯堡及邻近地区让与苏联。关于波兰问题，美、英同意承认波兰统一临时政府，并撤销对波兰流亡政府的承认。对波兰西部边界达成原则协议，最后划定由和约解决。不归苏联管辖的一部分东普鲁士和以前的但泽自由市区域，均由波兰政府管辖。会议还讨论了奥地利问题，意大利、保加利亚、罗马尼亚、匈牙利、芬兰五国缔结和约问题，领土托管问题和控制黑海海峡问题等。

《波茨坦公告》 在波茨坦会议期间，7月26日，苏、美、英三国首脑讨论了结束对日本作战的条件和战后处置日本的方针，并通过一项决议，即《中美英三国促令日本投降之波茨坦公告》（通称《波茨坦公告》，又称《波茨坦宣言》）。共13条。苏联当时尚未对日本作战，没有签字。中国政府虽未参加讨论，但事前征得中国政府的同意。公告以中、美、英三国共同宣言的形式公布。8月8日苏联对日宣战，并在公告上签字，公告遂成为四国对日共同宣言。公告敦促日本政府应立即宣布无条件投降。宣言宣称：《开罗宣言》之条件必须实施，日本主权只限于本州、北海道、九州、四国及由盟国所决定的其他岛屿范围之内。日本军队必须完全解除武装，永久消除日本军国主义，战犯交付审判。盟国对日本实行占领。阻止日本人民民主的所有障碍必须消除。不准日本保有可供重新武装之工业。在上述目的达到并成立倾向和平及负责的日本政府后，盟国占领军当即撤退。

会议评价　波茨坦会议是战时苏、美、英三国首脑的最后一次会议，对迫使日本早日投降、巩固反法西斯战争的胜利成果、维护战后世界和平起了积极作用。会上苏联与西方国家之间在国际事务中的分歧和矛盾已有明显表现，这对战后国际关系格局的发展有重大影响。

东京审判

在日本东京举行的对第二次世界大战日本首要战犯的审判。即远东国际军事法庭审判。日本投降后，1946年1月19日，远东盟军最高统帅部根据1945年12月16—26日的莫斯科会议规定，发表特

在东京远东国际军事法庭被告席上的日本甲级战犯（后两排）

别通告，设置远东国际军事法庭，同时颁布了内容与《欧洲国际军事法庭宪章》基本相同的《远东国际军事法庭宪章》。远东国际军事法庭由 11 名法官组成，包括中、英、美、苏、法、澳、荷、加、新、印（度）、菲各 1 名。法庭自 1946 年 5 月 3 日至 1948 年 11 月 12 日进行审理。28 名被告被控犯有危害和平罪、战争罪和违反人道罪等罪行。被告 28 人，除松冈洋右等 3 人已死亡或丧失行为能力外，实际审判了 25 人。法庭最后判处东条英机、广田弘毅等 7 人绞刑，荒木贞夫等 16 人无期徒刑，东乡茂德等 2 人有期徒刑。

杜鲁门主义

美国第 33 任总统杜鲁门所提出的关于援助希腊和土耳其的计划中的核心思想，是第二次世界大战后美国谋求世界霸权的扩张计划的总纲。1947 年 3 月 12 日，杜鲁门在致国会的关于援助希腊和土耳其的咨文中，提出以"遏制共产主义"作为国家政治意识形态和对外政策指导思想。这个咨文被称为"杜鲁门主义"。在咨文中他说明了援助希、土的直接原因是美国要接替英国，填补东地中海的真空。进而指出：任何国家的人民革命运动和民族解放运动都"危害着国际和平的基础和美国的安全"；世界已分为两个敌对的营垒，一边是"极权政体"，一边是"自由国家"，每个国家都面临着两种不同生活方式的抉择；"美国的政策必须是支持那些正在抵抗武装的少数人或外来压力的征服企图的自由民族"，即美国要承担"自由世界"抗拒共产主义的使命，充当世界宪兵的角色。他还认为如果丧失希腊，就会立刻危及土耳其和整个中东，"影响不仅远及东方，而且远及西方"。这就是多米诺骨牌理论的早期说法。因此，他要求国会立即采取果断行动，向希腊和土耳其提供4亿美元的军事援助。1947年5月22日，杜鲁门正式签署《援助希、土法案》。根据该法案，1947—1950年，美国援助希、土两国6.59亿美元。由美国出钱出枪，重新武装和改编希腊政府军队。1949年，在美军军官指挥下扑灭了希腊人民革命。

杜鲁门主义是第二次世界大战后美国对外政策的重大转折点。当时它与马歇尔计划共同构成美国对外政策的基础，标志着资本主义世界霸权从英国转到美国手中，标志着美苏两国由战时的盟国变为战后的敌国，标志着美国政府第一次公开宣布将"冷战"作为国策。

马歇尔计划

欧洲复兴计划的通称。第二次世界大战后，美国争夺全球战略的重点——欧洲的扩张计划。

1947年6月5日，美国国务卿马歇尔在哈佛大学发表演说，首先提出援助欧洲经济复兴的方案，故名。他说当时欧洲经济濒于崩溃，粮食和燃料等物质极度匮乏，而其需要的进口量远远超过它的支付能力，如果没有大量的额外援助，就会面临性质非常严重的经济、社会和政治的危机。他呼吁欧洲国家采取主动，共同制定一项经济复兴计划，美国则用其生产过剩的物资援助欧洲国家。1947年7—9月，英、法、意、奥、比、荷、卢、瑞士、丹、挪、瑞典、葡、希、土、爱尔兰、冰岛十六国的代表在巴黎开会，决定接受马歇尔计划（1948

年4月，德国西部占领区和的里雅斯特自由区也宣布接受），建立了欧洲经济合作委员会，提出了要求美国在4年内提供援助和贷款224亿美元的总报告。1948年4月2日美国国会通过《1948年对外援助法》，4月3日经杜鲁门总统签署，马歇尔计划正式执行。计划原定期限5年（1948—1952），1951年底美国宣布提前结束，代之以《共同安全计划》。从1948年4月3日到1952年6月30日美国经济合作署结束全部工作时为止，美国共拨款131.5亿美元，其中赠款占88%，余为贷款。在受援国中，英国获得32亿美元，法国27亿美元，意大利15亿美元，联邦德国13.9亿美元，这4个国家获得超过60%的全部援助总额。

马歇尔计划实施期间，据统计，1948—1952年，西欧国家的国民生产总值增长25%。马歇尔计划是战后美国对外经济技术援助最成功的计划，是美国垄断资本利用援助，拉拢西欧盟国、抗衡苏联、抑制西欧人民革命运动、争夺西欧市场的重要手段，它为北大西洋公约组织和欧洲经济共同体的建立奠定了基础，对西欧的联合和经济的恢复起了促进作用，同时也缓和了美国国内即将发生的经济危机。

布鲁塞尔条约组织

第二次世界大战后成立的西欧第一个军事联盟组织。由英国发起，法国、荷兰、比利时和卢森堡等国参加。1947年12月，苏、美、英、法四国外长在伦敦会议未能就德国问题达成协议之后，英国主张西欧联合加强防务，以对付苏联。在美国支持下，1948年3月5日开始，英国同法、比、荷、卢等国举行谈判。3月17日，五国外长在布鲁塞尔签订为期50年的《比利时、法兰西、卢森堡、荷兰及大不列颠和北爱尔兰联合王国间的条约》，即《布鲁塞尔条约》，1948年8月25日生效。英、法等国当时为了"不触怒苏联和引起麻烦"，在条约序言中申明联盟的目的在于防止德国侵略政策复活。条约的主要内容有：组织并协调相互间的经济活动，磋商有关社会问题，促进文化交流；承诺当任何一个缔约国在欧洲成为武装进攻的目标时，其他缔约国应提供能力所及的一切军事的或其他的援助；建立一个咨询理事会，以便共同磋商本条约实施的一些问题等。缔约五国成立了外长协商理事会。此后又成立防务委员会，设最高司令部，任命英国元帅蒙哥马利为总司令。《布鲁塞尔条约》是一项以军事同盟为核心的多边军事条约，实际上是在美国操纵下，建立欧洲军事集团的第一个步骤。北大西洋公约组织成立后，1950年12月，布鲁塞尔条约组织外长理事会决定，撤销最高司令部，组织的军事机构并入北约，其他机构继续存在。1955年5月6日，

根据1954年10月23日签订的《巴黎协定》，布鲁塞尔条约组织改组为西欧联盟，吸收联邦德国和意大利参加，总部设在伦敦。同时修改《布鲁塞尔条约》，删去关于防止德国侵略政策复活的字句，增加了与北约组织密切合作的条款。其任务是协调成员国的国防政策、武装部队和军火生产，并在政治、社会、法律等方面进行合作。

北大西洋公约组织

西方国家根据《北大西洋公约》建立的以美国为首的军事联盟，简称"北约组织"。《北大西洋公约》由美国、加拿大、英国、法国、荷兰、比利时、卢森堡、意大利、葡萄牙、丹麦、挪威和冰岛于1949年4月4日在华盛顿缔结，同年8月24日生效。希腊、土耳其

于 1952 年 2 月 18 日，联邦德国于 1955 年 5 月 9 日，西班牙于 1982 年 5 月 30 日先后加入公约和北约组织。《北大西洋公约》规定，缔约国实行"集体防御"，任何缔约国同他国发生战争时，应给予"援助"，包括使用武力。北约组织所涉及的地理范围包括北美、欧洲成员国和土耳其本土及地中海、北回归线以北大西洋内各成员国之岛屿，面积 2273 万平方千米。

北约组织是在第二次世界大战后，德、意战败，英、法衰落，美国崛起，以及苏联对外影响扩大和欧洲群众运动不断发展的背景下产生的。英、法于 1947 年 3 月 14 日签订了《敦刻尔克条约》，次年 3 月 17 日与荷、比、卢三国缔结了《布鲁塞尔条约》。随后，在美、加与布鲁塞尔条约缔约国谈判的基础上，邀请意、葡、丹、挪、冰等国缔结《北大西洋公约》，并据此成立北大西洋公约组织。1954 年 10 月 23 日，美、加、英、法、荷、比、卢、挪、丹、冰、意、

葡、希、土、联邦德国 15 国以双边和多边形式签订了《巴黎协定》，使西欧国家，特别是法国减少了对联邦德国的恐惧，为联邦德国加入北约组织排除了障碍。从联邦德国正式加入北约组织起，西欧国家即依靠美国积极建立针对苏联的集体防务。美国则把北约组织作为加强自身的实力地位、控制西欧、与苏联争夺世界霸权的主要工具。

北约组织总部设在布鲁塞尔，其主要机构有：①北大西洋理事会（又称部长理事会）和防务计划委员会，为北约组织最高决策机构。前者负责审议北约组织有关的重大军、政事务，所作决议需全体一致通过；后者负责制订统一的军事计划。②常设理事会，为部长理事会和防务计划委员会休会期间的最高执行机构，负责处理日常事务。③国际秘书部，负责各级会议的准备、组织和联络工作，设秘书长一人。④军事委员会，为北约组织最高军事机关，负责拟订军事政策、

战略方针和向各战区司令部发布指示，下辖各成员国提供一体化部队。

北约组织成立以来的主要活动有：1949—1955年组建联盟，完善各级组织机构，统一军事指挥体系，建立一体化部队，制定依靠核武器优势的"大规模报复"战略，并在朝鲜战争期间提出组建100个师和1万架飞机的建军目标。在此期间，西欧盟国根据杜鲁门主义和马歇尔计划从美国得到大量经济军事援助。1955—1967年扩充军备。主要是美国开始在欧洲部署战区核武器，联邦德国扩建武装力量，三军总兵力从1956年的7万人增至1966年的45万余人（法国于1966年3月宣布退出北约军事一体化组织）。1967—1989年推行以"实力加谈判"的政策。从1967年12月起正式决定以"灵活反应"战略代替"大规模报复"战略，1978年通过重点加强常规力量的15年（1979—1994）长期防务计划，每年举行以苏军为假想敌的大规模联合军事演习。与此同时，有关成员国参加了欧洲安全与合作会议及其以后的会议、中欧裁军谈判和关于欧洲"战区核力量"的谈判等。

冷战结束后，北约组织根据国际形势的变化，调整它在欧洲的战略，提出北约东扩主张，意在将西方在欧洲的势力范围东移，确立北约组织在未来欧洲安全格局中的主导地位。1991年12月，北约组织在罗马首脑会议上决定与部分中东欧国家成立北大西洋合作委员会。自1992年起，波兰等东欧国家相继提出加入北约的请求。1992年，北约组织批准一项原则，允许它的军队离开成员国领土到其他地方参加维和行动。当年年底，北约组织便决定以军事力量介入南斯拉夫危机。1994年1月北约组织布鲁塞尔首脑会议通过了与中东欧国家以及俄罗斯建立"和平伙伴关系"的计划。1996年9月，北约组织公布《东扩计划研究报告》。1997年，成立了旨在加强欧洲和欧亚大陆的非北约组织成员之间的安全关系的欧

洲－大西洋伙伴关系理事会。1999年，波兰、捷克和匈牙利正式加入北约组织，北约组织成员国发展到19个。2002年11月，北约组织布拉格首脑会议决定邀请爱沙尼亚、拉脱维亚、立陶宛、斯洛伐克、斯洛文尼亚、罗马尼亚和保加利亚7国加入北约组织。上述7国于2004年正式加入北约组织，北约组织成员国增至26个。2008年4月，北约组织布加勒斯特首脑会议决定邀请克罗地亚和阿尔巴尼亚加入北约组织。

冷 战

第二次世界大战后以美国为首和以苏联为首的两大阵营间所显示的公开却有限制的对立状态。主要是政治、军事、经济和意识形态方面的对峙，没有达到大规模"热战"的程度。"冷战"这一名词由美国财政专家兼总统顾问 B.M. 巴鲁克在 1947 年的一次国会辩论中首次使用。冷战主要在美国和苏联之间进行。它们都极力争夺与维护自己在国际政治中的地位和作用。冷战的主要表现是美国和以它为首的北大西洋公约组织同苏联和以它为首的华沙条约组织的全面对抗。冷战对峙主要表现在欧洲。

随着第二次世界大战的结束，美苏之间结成的不稳定的战时联盟开始解除，两国间的矛盾日益突出。美国试图凭借自己强大的经济、军事实力在全世界确立自己的霸权地位，苏联以及一批人民民主国家的崛起成为美国称霸世界的严重障碍。1946 年 3 月 5 日，英国前首相丘吉尔发表富尔顿演说，拉开了冷战的序幕。之后，1947 年至 1948 年美国为"遏制"苏联，先后抛出杜鲁门主义和马歇尔计划，并于 1949 年与其欧洲盟国成立北大西洋公约组织，发动了对苏联的全面冷战。面对美国的遏制和封锁，苏联通过成立共产党和工人党情报局与经济互助委员会，加强同东欧新走上社会主义道路国家的合作。1949年，中国革命的胜利和中华人民共和国的成立，极大地改变了世界政治力量的对比。

20世纪50年代，是两大阵营对抗和激烈斗争时期。对抗在亚洲的主要表现是朝鲜战争，在欧洲是两大对立的军事集团的形成与对峙。1950年，朝鲜战争爆发，一直持续到1953年，以美国不得不停战而告终。朝鲜战争实际上是两大阵营间的一次"热战"。1955年，美国通过《巴黎协定》把联邦德国拉入北大西洋公约组织，企图把它作为北约抗衡苏联的前哨阵地。同年5月14日，苏联同东欧国家成立了华沙条约组织。至此，以美苏为首的两大军事集团在欧洲的对峙局面形成。

1958—1962年为冷战的又一紧张阶段。美国与苏联开始发展和部署洲际弹道导弹。1962年苏联开始在古巴秘密部署可以向美国各城市发动攻击的导弹，引发了加勒比危机。这场对抗使两个超级大国濒临战争边缘，后达成协议苏联撤走导弹。

20世纪60—70年代，冷战紧张局势渐趋缓和。美苏于1963年签署《部分禁止核试验条约》，禁止地上核武器试验。1972年和1979年，双方又分别签署了两个阶段的战略武器会谈协定（SALT-Ⅰ和SALT-Ⅱ）。在这两项协定中，两个超级大国限定了它们拥有反弹道导弹和能携带核武器的战略导弹的数量。进入80年代，美国提出"星球大战计划"，并在欧洲部署新型中程导弹。两个超级大国继续进行大规模的武器积累，并且竞相对第三世界施加影响，冷战又趋紧张。但80年代后期开始，东欧、苏联发生剧变。不久，民主德国和联邦德国统一，华沙条约组织解散。1991年下半年，苏联解体，冷战宣告结束。

日美安全保障条约

1951年9月8日，日美两国片面签订《旧金山对日和约》的同一天，日本首相吉田茂和美国代表D.G.艾奇逊签署该条约，正式名称为《日本国和美利坚合众国之间的安全保障条约》。条约由前言和5条正文组成。其要点是：美国有权在日本国内及其周围驻扎陆海空军；根据日本政府的请求美军可以镇压日本发生的暴动和骚乱；美军驻扎条件由两国间的行政协定另行规定。1952年2月28日，日美两国根据《日美安全保障条约》第3条规定，在东京签订了《日美行政协定》，协定正文有29条，详细规定了驻日美军的地位及特权，如日本向美军提供基地和设施，承认美国使用、管理和保卫这些基地及设施的权利；美国军人及其家属犯罪，日本无审判权；日本每年向美国支付1.55亿美元的防卫经费等。1952年4月28日《日美安全保障条约》和《日美行政协定》同时生效。条约执行中，由于连续发生美军暴行事件，引起日本人民的强烈反对。1953年9月29日，两国修改了《行政协定》中关于美军犯罪的审判条款，规定除执行公务外，美军犯罪的第一次审判权属于日本。

1958年10月4日，日美两国首次举行修改条约的谈判。1960年1月19日，日本首相岸信介和美国总统艾森豪威尔在华盛顿签署《日本国和美利坚合众国共同合作和安全保障条约》，是为"新日美安全保障条约"。1960年6月23日双方互换批准书后生效。新条约由前言和10条正文组成，有效期10年。与旧条约相比，增加了政治上与经济上的合作，以及在日本行政管辖下的领域内日美任何一方受到攻击时将采取共同行动，行使武力时两国事前协商等内容；删除了镇压日本内乱的有关条款。同时修订了《行政协定》，改称《关于设施和区域及美国驻日本国军队的地位的协定》，废除了日方分担的防卫经费。

由于新条约敌视苏联、中国以及其他亚洲各国人民，日本有被卷入美国军事行动的危险，因而激起日本人民的强烈反对。1959—1960年，日本人民为反对修订《日美安全保障条约》，进行了23次全国统一行动，结果迫使艾森豪威尔取消了访日计划，岸信介也被迫下台。新条约于1970年期满后，以两国不通告废除而自动延长的方式延续至今。1972年5月美国把冲绳归还日本，该条约同样适用于冲绳。

对日合约

美、英、法等48个国家于1951年9月8日在旧金山同日本签订，1952年4月28日生效，亦称《旧金山和约》。苏、捷和波兰虽出席会议，但均未在和约上签字。印度和缅甸拒绝参加会议。中、朝、蒙、越均未被邀请参加会议。

和约共7章、27条，主要内容是："日本承认朝鲜独立"，"放弃在中国的一切特权和利益"，放弃对台湾、澎湖列岛、南威岛、西沙群岛等岛屿的一切权利；日本同意联合国托管琉球群岛、小笠原群岛、硫黄列岛等岛屿，并以美国为唯一管理当局；日本不得威胁或使用武力侵害任何国家的领土完整等。

中、朝、越等国人民在第二次世界大战中，遭受了日本的严重侵

略，在反法西斯战争中作出了巨大贡献。然而，美国却公然背离《联合国家宣言》中，关于"每一政府各自保证与宣言签字国政府合作，并不与敌人缔结单独停战协定或和约"的规定，不顾中国政府的多次抗议，一手策划召开旧金山会议，签订了《对日和约》。和约违背《开罗宣言》和《波茨坦公告》等国际协议，不提将台湾、澎湖列岛、南威岛和西沙群岛归还中国，不限制日本的武装力量和军事工业，不保障日本向和平、安全和民主的方向发展。和约签订几小时后，美、日又签订了《日美安全条约》，规定美国有权在日本驻扎陆、海、空军。1951年9月18日和1952年5月5日，中华人民共和国政府分别发表声明，不承认《对日和约》，认为它是非法的、无效的。

华沙条约

苏联、东欧国家为抗衡北大西洋公约组织而签订的军事同盟条约，1955年5月14日在华沙签订，全称《阿尔巴尼亚人民共和国、保加利亚人民共和国、匈牙利人民共和国、德意志民主共和国、波兰人民共和国、罗马尼亚人民共和国、苏维埃社会主义共和国联盟、捷克斯洛伐克共和国友好合作互助条约》。同年6月5日生效，有效期20年。根据这一条约结成的军事政治联盟，通称"华沙条约组织"；简称"华约"。条约规定，如各缔约国在条约期满前1年未向波兰政府提出宣布条约无效的声明，条约将继续生效10年；如缔结全欧集体安全条约，本条约在全欧条约生效之日起失效。1974年4月华约政治协商委员会在讨论条约延期时声

明，如将来北约解散，华约也将失效。阿尔巴尼亚从1962年起不再参加该组织活动，1968年9月宣布退出。中国派代表列席了华约成立会议，并派观察员参加1961年以前的华约政治协商委员会会议。1975年条约自动延长10年。1985年条约再延长20年，到期后还可顺延10年。

缔约背景和经过　1949年初西方国家准备签署《北大西洋公约》，苏联就此发表声明和备忘录，指责北约是针对苏联的。北约签订后，为阻止联邦德国加入北约，苏联于1952年提出缔结对德和约主张，1954年提出召开欧洲集体安全会议，签署欧洲集体安全条约等一系列建议，均被西方国家拒绝。1954年10月23日，美、英、法等西方国家签订《巴黎协定（1954）》，决定终止对联邦德国的占领，吸收它加入北约组织，并允许其重新武装。在此情况下，苏联等八国在11月29日至12月2日在莫斯科举行欧洲国家保障欧洲和平与安全的会议，宣称鉴于联邦德国正在加入反对欧洲其他国家的军事集团和重新军国主义化，参加这次会议的国家将在组织武装部队和建立联合司令部方面采取共同措施来保证自己的安全。1955年3月，苏联东欧等八国就缔结友好合作互助条约的原则和组建联合司令部问题取得一致意见。同年5月5日和6日《巴黎协定》全部生效，5月9日联邦德国加入北约。苏联等国遂于5月11—14日在华沙举行第2次会议，14日缔结《华沙条约》。

条约基本内容　华沙条约由序言和11项条文组成。序言宣称，由于正在重新军国主义化的联邦德国加入北约，从而加深新战争的危险，爱好和平的欧洲国家必须采取必要步骤以保障自己的安全和维护欧洲和平。条约规定，缔约国保证"以和平的方法解决它们的国际争端"（第1条）"就一切有关它们的共同利益的重要国际问题彼此磋商"（第3条）；建立"政治协商委员会"（第6条）和"武装部队的联合司令部"（第 5 条）。最重要的军事互助条款是："如果在欧洲发生任何国家或国家集团对一个或几个缔约国的武装进攻，每一缔约国应根据联合国宪章第 51 条行使单独或集体自卫的权利，个别地或通过同其他缔约国的协议，以一切它认为必要的方式，包括使用武装部队，立即对遭受这种进攻的某一个国家或几个国家给予援助。"（第 4 条）

机构和活动 华沙条约组织最高决策机构是政治协商委员会。由各缔约国党中央第一书记、总理、国防部长、外交部长组成，讨论和决定缔约国的政治、经济、外交等重大问题。下设常设委员会、外交部长委员会、国防部长委员会、联合司令部、联合武装部队军事委员会、联合武装部队参谋部和技术委员会。华约常设机构均在莫斯科。联合武装部队总司令和参谋长均由苏联人担任。

华沙条约组织成立后，逐步完善各种常设机构，经常协调对外政策，组建联合武装部队，不断更新各缔约国军队的武器装备，推行军事"一体化"，举行各种规模的联合军事演习。1968 年 8 月 20 日，苏联以捍卫社会主义成果的名义，与保加利亚、匈牙利、民主德国、波兰等国联合出兵捷克斯洛伐克。华约在欧洲与北约形成军事对峙，是世界上最重要的军事集团之一。

亚非会议

1955 年 4 月，亚洲和非洲国家第一次在没有西方殖民国家参加下自行召开的国际会议，通称"万隆会议"。第二次世界大战后，民族解放运动空前高涨，加深了帝国主义殖民体系的危机。但是，殖民主义在亚、非地区的统治并未结束，新殖民主义企图取代旧殖民主义的地位。反对殖民主义，争取和保障民族独立，反对侵略战争，维护世界和平，促进亚非国家间的友好合作，成为亚、非各国人民的共同愿望和要求。1954年12月缅甸、锡兰（今斯里兰卡）、印度、印度尼西亚和巴基斯坦5国总理在印度尼西亚茂物举行的会议上联合发起召开亚非会议，旨在"促进亚非各国间的亲善和合作，探讨和促进它们相互间的和共同的利益，建立和增进友好和睦邻关系"。

会议进程 1955年4月18—24日在印度尼西亚的万隆举行。与会的有5个发起国以及阿富汗、柬埔寨、中国、埃及、埃塞俄比亚、黄金海岸（今加纳）、伊朗、伊拉克、日本、约旦、老挝、黎巴嫩、利比里亚、利比亚、尼泊尔、菲律宾、沙特阿拉伯、苏丹、叙利亚、泰国、土耳其、越南民主共和国、也门和南越共29个国家和地区的代表团。会议广泛讨论了民族主义和反殖民主义斗争、世界和平、与会国的经济和文化合作等问题。由于以周恩来总理为首的中国代表团和

大多数与会国代表团的努力，击败了帝国主义妄图破坏会议的阴谋，保证了会议的成功。会议在关于人权和自决的决议中，支持《联合国宪章》关于人权的基本原则和民族自决的原则，谴责种族隔离和种族歧视政策，支持一切反对种族歧视的斗争。在关于附属地人民问题的决议中，宣布殖民主义在其一切表现中都是一种应当迅速予以根除的祸害。

在关于促进世界和平和合作的决议和宣言中，肯定了亚非人民反对侵略战争和维护世界和平的共同愿望。宣言提出了著名的万隆会议十项原则：①尊重基本人权，尊重《联合国宪章》的宗旨和原则。②尊重一切国家的主权和领土完整。③承认一切种族的平等，承认一切大小国家的平等。④不干预或不干涉他国内政。⑤尊重每一国家按照《联合国宪章》单独地或集体地进行自卫的权利。⑥不使用集体防御的安排来为任何一个大国的特殊利益服务；任何国家不对其他国家施加压

力。⑦不以侵略行为或侵略威胁或使用武力来侵犯任何国家的领土完整或政治独立。⑧按照《联合国宪章》，通过如谈判、调停、仲裁或司法解决等和平方法以及有关方面自己选择的任何其他和平方法来解决一切国际争端。⑨促进相互的利益和合作。⑩尊重正义和国际义务。这十项原则是中国、印度、缅甸共同倡导的和平共处五项原则的引申和发展，为愿意和平共处、友好合作的国家指出了努力的方向。

为了促进亚非国家间的友好和合作，会议通过了经济合作和文化合作的决议。在关于经济合作的决议中，强调了"在与会国中存在互利和互相尊重国家主权的基础上实行经济合作的普遍愿望"。在关于文化合作的决议中，谴责殖民主义和种族主义对亚非人民民族文化的压制和对亚非国家间文化交流的阻挠，肯定亚非人民恢复亚非各国原有的文化接触和发展新的文化交流的共同要求，会议最后一致通过了《亚非会议最后公报》。

意义和影响　亚非会议取得了具有重大历史意义的成就：①会议的各项决议贯穿着亚非各国人民争取和维护独立自由、保障世界和平的共同愿望，成为亚非国家反对帝国主义、新老殖民主义的有力武器。②会议加强了亚非各国人民的民族自觉，促进了民族解放运动的高涨，推动了第三世界的兴起和发展。③会议在没有西方殖民国家的参加下，使亚非国家能自由地互相接触，加强了相互了解，开辟了国际合作的新途径。④会议宣言提出的十项原则，已为许多国家和国际组织所接受，作为指导国际关系的准则，影响深远。

会议所反映的亚非人民团结反帝、争取和维护民族独立、增强各国人民间的友谊的精神，被称之为万隆精神载入史册。

不结盟国家会议

20世纪60年代以来，奉行独立自主、和平、中立和非集团原则的不结盟国家所举行的首脑会议，正式名称为"不结盟国家和政府首脑会议"。

第二次世界大战以后，民族解放运动蓬勃发展，许多国家从殖民统治下相继获得独立。1955年亚非会议的召开，促进了民族解放运动的新高涨，为亚非国家联合反对帝国主义和殖民主义的斗争树立了典范。1960年有17个非洲国家宣告独立，殖民体系最后崩溃成为历史趋势。同时，超级大国对亚洲、非洲、拉丁美洲广大地区的争夺加剧，对这些地区国家的独立、主权和安全都带来日益严重的威胁。一些中小国家，尤其是新独立的国家，为了摆脱大国的控制，不被卷入对立双方的冲突之中，主张团结起来，互相支持，反帝、反殖、反种族主义，捍卫民族独立，走和平、中立、非集团、不结盟的道路。在J.B.铁托、纳赛尔、苏加诺和J.尼赫鲁、K.恩克鲁玛等的积极倡导下，由南斯拉夫、埃及、印度、印度尼西亚和阿富汗五国发起，于1961年6月在开罗召开了不结盟国家会议筹备会。会上规定参加不结盟国家首脑会议的条件为：政策应当是在和平共处和不结盟基础上的独立政策，最少应当采取符合这种政策的态度；应当支持民族解放运动；不应当是任何会使其卷入大国冲突的集体军事联盟的成员国；不应当是同某个大国签订双边联盟的成员国家；国家领土上不应当有在其同意下建立的外国军事基地。1961年9月1—6日，在贝尔格莱德举行了第1次不结盟国家会议，标志着不结盟运动正式形成。出席会议的有25个不结盟国家和3个观察员国的代表。会议通过了《不结盟国家和政府首脑宣言》《关于战争的危险和呼吁和平的声明》等文件，体现了与会国家反对帝国主义和新老殖民主义的鲜明立场。第 2 次会议于 1964 年 10 月 5—10 日在开罗召开，通过了《和平与国际合作纲领》等文件。第 3 次会议于 1970 年 9 月 8—10 日在卢萨卡召开，通过了《卢萨卡宣言》《关于不结盟和经济发展的宣言》等文件。1973 年 9 月 5—9 日，在阿尔及尔举行第 4 次会议，通过了《政治宣言》《经济宣言》《经济合作行动纲领》等文件。1979 年 9 月 3—7 日，第 6 次会议在哈瓦那举行，通过了《最后宣言》等文件。至 1998 年，不结盟国家会议共举行了 12 次首脑会议，通过了一系列涉及国际政治、经济等重大问题的宣言或行动纲领。2003 年 2 月 24—25 日，第 13 次不结盟国家首脑会议在吉隆坡举行，通过了《最后文件》《吉隆坡宣言》和关于伊拉克问题以及巴勒斯坦问题的两项声明。《最后文件》阐述了不结盟运动对当前一系列重大国际问题的立场，表示拒绝单边主义，反对某些国家使用武力或以武力相威胁来达到它们的目的。与会领导人要求严格按照联合国宪章和国际法原则处理国际问题，坚决反对未经联合国安理会授权而向不结盟运动成员国采取单方面的军事行动或以军事行动相威胁。关于国际经济问题，文件要求通过南北对话改变目前不合理的状况。《吉隆坡宣言》指出，不结盟国家必须加强团结，坚持不结盟运动和联合国宪章的原则，加强南南合作，促进南北对话，以增强自己的力量。本次首脑会议决定接纳东帝汶、圣文森特和格林纳丁斯为不结盟运动新成员，从而使该组织成员国增加到 116 个。2006 年 9 月 11—17 日，第 14 次不结盟国家首脑会议在古巴首都哈瓦那举行。与会的各国首脑发表了联合声明。会议接纳海地及圣基茨和尼维斯为新成员，不结盟运动成员国已达 118 个。

不结盟运动不设总部，无常设机构，无成文的章程，它定期召开首脑会议、全体外长会议、协调局外长会议等。首脑会议是最重要的会议，自 1970 年起，首脑会议每 3 年举行一次。第 4 次首脑会议决定在纽约成立协调局，协调各国（主要是在联合国）的立场，一般每月召开一次会议。不结盟会议采取协商一致的原则，遇有不同意见或相反意见，各成员国可以采取书面形式向主席国正式提出保留意见，以示不受有关决议或文件的约束，不结盟国家坚持独立自主、和平、中立和非集团的原则，坚持反对帝国主义、新老殖民主义、种族主义，反对一切形式的外国侵略、占领、控制、干涉和霸权的立场，捍卫国家政治和经济独立、主权和领土完整，发展民族经济和民族文化以及争取建立国际经济新秩序的斗争，成为国际上一支具有广泛基础并发挥着重要影响的政治力量。不结盟国家约占联合国成员的 2/3。不结盟国家协调局成员国驻联合国代表还组成协调委员会，负责在联合国大会和安理会会议期间协调不结盟

国家的立场，制定共同的政策。

中国历来重视不结盟国家会议，高度评价不结盟运动在国际事务中的积极作用。1992 年 9 月，中国正式以观察员身份参加不结盟国家会议。

三个世界

对世界政治力量的一种划分。三个世界的概念最早是西方政治家针对第二次世界大战后世界民族解放运动发展的新形势和新的世界政治格局而提出来的。当时称以美国为首的帝国主义阵营为第一世界，以苏联为首的社会主义阵营为第二世界，其他民族独立国家为第三世界。

20 世纪 60 年代之后，随着帝国主义阵营内部的矛盾发展和因苏联走上霸权主义道路所导致的社会

主义阵营的分裂,世界政治格局又发生了新的变化。世界在两大体系对立继续存在的前提下,出现了新的分化和组合,形成了既相互联系又相互矛盾的三个世界。

1974年2月,毛泽东审时度势,依据当时各类国家所处的地位和它们的不同要求,对三个世界作了新的划分:苏联、美国两个超级大国为第一世界,亚、非、拉及其他地区的发展中国家为第三世界,处于这两者之间的发达国家为第二世界。1974年4月,中国代表团团长邓小平在联合国大会第六届特别会议上发言,阐明了毛泽东这一关于三个世界的战略思想,引起了世界各国的重视。毛泽东关于三个世界划分的战略思想,是经过对国际形势和世界政治长期观察和深思熟虑的科学概括,符合当时的客观情况。这个国际战略思想,突出的是主权国家之间的冲突,把阶级关系、民族关系同国家关系相结合,强调反对超级大国的霸权主义。

然而,随着世界政治、经济的发展,世界局势发生了重大变化。首先,原来的第一世界,即美苏两个超级大国,在相互对峙中国力不断削弱。到20世纪80年代末90年代初,东欧剧变,苏联解体。冷战结束后,唯一的超级大国美国虽然实力有所增强,但在世界向着多极化格局发展的今天,美国要称霸世界也很难。原来的第二世界也发生了变化。冷战结束后,西欧、日本等走出了苏联核威胁的阴影,它们对美国提供的安全保障的依赖性减弱,与美国分庭抗礼的倾向越来越强。第三世界国家历经坎坷,在艰难曲折的道路上前进,为建立国际政治经济新秩序而斗争。除此之外,当今世界的总体形势也发生了深刻的变化,和平与发展成为当今时代的主题,世界正向多极化格局转变,世界经济也进入了新的全球化的发展阶段,各国经济的相互依存关系空前加强。随着世界形势的发展和世界政治格局的演变,原来划分三个世界的战略思想以及提法也将会随之进行相应的调整。

南南合作

发展中国家之间的经济技术合作，发展中国家建立在互相尊重主权和平等互利基础上的新兴合作关系。由于发展中国家多位于地球的南半部，故称这一合作为南南合作。它是加强发展中国家经济独立和实现经济发展的重要工具，也是确保发展中国家公平而有效地参与新兴全球经济的办法之一，南南合作的指导方针是集体自力更生。

发展历史　20世纪60年代初，广大发展中国家获得政治独立后，迫切需要发展经济；但殖民时期留下的不平等的旧的国际经济秩序，发达国家对发展中国家经济命脉的控制，严重束缚发展中国家的经济发展，甚至危害其政治独立。为打破旧的国际经济秩序，摆脱控制，

复兴民族经济，发展中国家开始进行相互间经济合作的尝试。

1955年举行的亚非会议，不仅是第三世界兴起的标志，而且也是南南合作的开端。亚非会议第一次提出了亚非发展中国家实行经济合作的构想，亚非会议通过的经济合作决议建议与会国"在互利和互相尊重国家主权的基础上实行经济合作"，为以后的南南合作奠定了政治和思想基础。亚非会议为南南合作确定了"磋商"原则，促进了原料生产国和输出国组织的建立。亚非会议还第一次提出了发展中国家之间实施资金和技术合作。1961年不结盟国家第1次首脑会议呼吁发展中国家进行经济合作，1964年七十七国集团在联合国第一届贸发会议上代表发展中国家提出建立国际经济新秩序的要求，1970年第3次不结盟国家首脑会议首次提出集体自力更生的概念。此后，不结盟国家会议和七十七国集团会议通过一系列有关经济合作的文件，逐步确立南南合作的行动纲领。按照

集体自力更生原则，发展中国家之间进行密切有效的经济合作，加强政治、经济独立和集体经济力量，实现建立国际经济新秩序的目标。1973年10月，阿拉伯石油生产国团结合作，进行斗争，从国际石油垄断组织手中夺回了相当一部分石油资源主权和石油价格制定权，第一次显示了南南合作的巨大威力，推动了南南合作的进一步发展。1974年4—5月，第六届联合国大会通过《关于建立新的国际经济秩序宣言》和《行动纲领》。1976年5月联合国贸发理事会专门设立发展中国家经济合作委员会，作为协调南南合作的中心机构。1979年5月七十七国集团第4次部长会议通过《阿鲁沙集体自力更生纲领》，提出南南合作的内容，涉及工业化、原料、粮食与农业、运输、通讯、贸易、货币与金融保险等领域，确定要优先考虑发展中国家贸易普惠制、促进国家贸易组织之间的合作以及创办第三世界跨国公司等建议。

20世纪80年代，南南合作继续发展。1981年七十七国集团的加拉加斯会议又通过《发展中国家经济合作纲领》，要求发展中国家在金融、技术转让和贸易等7个方面加强合作。1981年坎昆南北对话未能取得积极成果，但推动了南南合作的发展。1982年在印度新德里召开南南会议，与会的44个发展中国家对保证粮食自给，增进能源、科技合作，建立南方银行等问题提出许多建议和设想。1983年4月，在北京召开了第1次南南合作会议，有26个国家的68名政治家和学者出席，广泛讨论了南方国家的发展战略以及南南合作和推动南北对话问题。1983年第7次不结盟国家首脑会议通过的《经济宣言》、《不结盟国家和其他发展中国家自力更生宣言》和《经济合作行动纲领》，主张必须把南南合作付诸行动，提出一系列加强南南合作的具体措施，强调发展中国家进行资金合作的重要性。1985年7月在新德里召开了70个发展中国家的贸易部长会议。1986年9月不结盟国家哈拉雷会议作出的决议，推动了南南合作的发展。1987年6月9—14日在平壤举行了不结盟国家关于南南合作的部长级特别会议，进一步探讨了南南合作的必要性和可能性，并在工农业、财贸、信息、技术转让等方面提出了进行合作的具体主张与建议。1989年9月在南斯拉夫举行的第9次不结盟国家首脑会议期间，成立了亚非拉十五国集团，宗旨是促进南南合作，推动南北对话。集团经过3次筹备会议，于1990年6月1日至3日在吉隆坡举行了首届首脑会议，取得了积极成果。2000年4月1—11日，首次南方首脑会议在古巴的哈瓦那召开。此次峰会强调了南南合作在确保发展中国家平等和有效地参与全球经济新秩序的重要意义，指出由七十七国集团和不结盟运动接受的框架、战略和行动计划为广泛和深入地开展南南合作构成综合思想和行动架构。会议还就全球化、南北关系与合作及联合国在南南合作中的作用和地位进行了讨论，通过了《哈瓦那宣言》和《行动纲领》。此次会议决定于2003年12月16—19日在摩洛哥举行南南合作高峰会。会议将审核哈瓦那会议的成果，并落实合作的优先领域。会议还将讨论贸易、投资、食品和农业方面的南南合作问题，审核发展中国家贸易选择全球系统（GSTP）的执行情况。2003年2月23日，不结盟运动关于南南合作的商务论坛在吉隆坡举行。同年4月17日，七十七国集团在纽约召开会议讨论南南合作高峰会的准备工作。2000年建立的中非合作论坛就是促进南南合作的有效机制。

南南合作的主要形式是双边合作，合作的范围涉及工业、贸易、金融、技术等许多领域。根据已签订的协议，或通过区域组织、单项原料国际组织来实现各种类型的合作。这些组织的参加国约占发展中国家总数的70%以上。南南合作主要表现在生产合作：建立各种开发组织，兴办工业合营企业，实

行专业化生产，并出现了从区域组织合作到全球性经济生产合作的趋势。贸易合作则是主要的合作方式，在区域性经济合作组织内部取消关税，发展互惠贸易，建立自由贸易区和关税同盟；建立原料输出国组织，组成贸易集团，争取改善贸易条件，扩大贸易。在金融合作方面，出现了区域性支付安排，设立多边发展金融机构和发展基金。在农业合作、资源合作、合营企业、交流技术、培训人才等方面也取得了一定的进展。

发展前景 随着全球化不断深入，发展中国家也加快了南南合作的步伐，南南合作也出现一些新的特点。首先，全球性南南合作呈现出多样化的发展趋势。全球性南南合作继续扮演着重要的角色，发展中大国在南南合作中的作用继续增强，联合国推动南南合作的作用也明显增强。不仅如此，南南合作也更加灵活多样，以专题为主的南南或泛南南合作势头加强，在人权、环境、限制小型武器销售等方面采取合作措施；南北合作组织或南北对话会议成为南南合作的重要场所。区域性南南合作步伐加快。新的地区经济合作组织不断出现，原有的地区经济合作组织不断推出新的合作领域。在亚洲，东南亚的经济一体化进展较快。东南亚国家联盟除 3 年一次的首脑会议之外，自1996 年起还多次举行非正式首脑会议。2001 年底，东盟又与中国共同商定了在 10 年内成立东盟－中国自由贸易区的设想。在中东地区，海湾六国经济一体化的步伐有所加快。海湾合作委员会首脑会议决定建立海湾合作委员会国家关税同盟，并在原则上批准实行海湾合作委员会国家统一货币。南亚区域合作联盟于 2002 年 1 月联盟首脑会议后发表的《加德满都宣言》，决定在 2002 年底前制定出有关在该地区建立自由贸易区的框架协议，为建立南亚自由贸易区创造条件。在拉美，形成了以南方共同市场、安第斯共同体、加勒比共同体、中美洲共同市场等为核心的地区集团化结构，并在各地区集团之间表现出互动和互融的势头。在非洲，地区一体化的势头也方兴未艾，形成东南非共同市场、东非共同体、南部非洲发展共同体、西非国家经济共同体、中部非洲经济和货币共同体、马格里布联盟等重要的地区经济一体化组织。2002 年 7 月非洲联盟的成立，标志着非洲联合自强又步入了新的发展时期。与此同时，非洲还正式出台了"非洲发展新伙伴计划"，决心进一步加快非洲经济一体化进程，在非洲次地区经济一体化组织进一步发展的基础上，建立非洲经济共同体。与早期南南合作相比，全球化条件下的南南合作具有更加广阔的领域，包括经济领域、政治领域、科技和教育领域以及安全领域。

然而，南南合作的发展面临许多困难和障碍。这是因为大多数发展中国家的经济结构不甚合理，对外依赖性较大，各国在政治、经济发展等方面差别较大，加上宗教信仰、国内外政策不同，以及一些边界纠纷和历史上遗留下来的问题，使他们之间矛盾重重，南南合作的实际进展离现有的纲领和规划尚远。此外，南北对话的僵局也必然影响南南合作的进程。

南北对话

发展中国家为了改善各自的经济地位，改革不合理的国际经济秩序而同发达国家进行的地区性和全球性的谈判或对话。由于发展中国家大多在南半球，发达国家大多位于地球的北半部，分别称之为"南方"和"北方"。这种划分主要不是地理上的含义，而是指不同类型国家的经济发展水平。因此，发展中国家和发达国家之间的这种谈判或对话被称为"南北对话"。南北对话是在南方国家的迫切要求下，

北方国家逐步对改善南北经济关系的重要性和紧迫性有了新的认识的基础上开展起来的。

历史 南北对话酝酿于20世纪60年代初。当时取得政治独立的发展中国家要求工业发达国家更多地提供援助和贷款，从而帮助发展中国家改善贸易条件，帮助稳定原料出口价格，并彻底改革国际经济的旧秩序。它们的强烈呼吁最终促成了联合国贸易和发展会议的召开，从而揭开了南北对话的序幕。

1973年石油输出国组织在提高石油价格的斗争中获胜，发展中国家在国际政治舞台上逐渐受到重视。1974年联合国大会特别会议通过了《关于建立新的国际经济秩序宣言》和《行动纲领》，以法国为代表的部分西方国家积极响应，建议通过南北对话来代替南北对抗。1975年12月，由法国总统V.吉斯卡尔·德斯坦倡议，南斯拉夫、阿尔及利亚、喀麦隆等9个发展中国家同美国、欧洲经济共同体、日本、加拿大、澳大利亚、西班牙等8个发达国家和集团在巴黎举行国际经济合作会议，这是第一次全球性南北对话会议。但是，会议并未制定实质性协议，没有取得实质性的进展。1977年5月第二次经济合作会议继续在巴黎举行，在原料和发展问题上达成两项有限的协议：建立稳定原料价格基金，给最贫困国家10亿美元的特别援助基金。由于几个主要发达国家着力维护自身的利益，前者实际上并未兑现，后者在执行过程中也多次发生波折，此次对话未能取得预期效果，双方同意将对话移到联合国范围内进行。1977年11月29日，根据世界银行行长麦克纳马拉的建议，成立了国际发展问题独立委员会，又称"南北委员会"，联邦德国前总理W.勃兰特任主席，成员包括英国前首相E.R.G.希思、瑞典前首相O.帕尔梅、智利前总统弗雷等21人。委员会就促进南北对话问题，从1977年12月起，多次举行会议，起草报告，并将报告于1980年2月提交联合国秘书长K.瓦尔德海姆。此后，瓦尔德海姆发表声明，就报告中提出的召开有限的发达和发展中国家政府首脑会议，以及在与联合国密切联系下，解决国际经济合作中最紧急问题的建议表示欢迎。1980年的联大第11届特别会议专门讨论了有关国际经济合作的全球性谈判的程序和议程问题，但未能达成协议。经墨西哥前总统何塞·洛佩斯·波蒂略和奥地利总理布鲁诺·克赖斯基的共同努力，1981年10月22日，包括美国在内的8个工业发达国家和14个发展中国家的政府首脑在墨西哥坎昆举行了南北最高级别会议，中国总理也出席了会议。会上代表们就粮食安全和农业发展、商品、贸易、工业化、能源、货币与金融等问题以及调整南北经济关系和恢复全球性南北对话交换了意见。由于美国的阻挠，全球性南北对话未能实现，此后的对话活动趋于沉寂。1993年10月，各国议会联盟在加拿大首都渥太华召开"南北对话促进世界繁荣"大会。会后发表了《最后文件》，呼吁发达国家和发展中国家反对贸易保护主义，要求发达国家取消所有的最穷国家的政府债务，敦促发达国家及国际金融机构向发展中国家直接投资并且提供技术。在这次大会上，中国就南北关系提出了4项原则：改变不平等、不公正、不合理的国际经济秩序；在国际经济关系中必须遵循平等互利原则；发达国家应为改善国际环境，特别是解决发展中国家债务问题上作出贡献；各国人民有权决定本国的经济模式和发展道路，别国不得进行干预。

20世纪80年代末90年代初，经济发展水平各异的国家及地区间合作发展很快，北美自由贸易区是第一个由发达国家和发展中国家组成的共同体，可以看作是新格局条件下，调整南北关系的新途径。80年代末建立起来的亚太经济合作组织（APEC）包含了世界上一些最发达的市场、新兴市场和最大的发展中市场，在推动南北经济贸易合作方面取得了长足的进展，成为新

的发展起点。1975 年至 1990 年，欧洲经济共同体与非洲、加勒比、太平洋地区发展中国家签订 4 个《洛美协定》，旨在促进双方经济发展。2000 年 2 月，欧盟与非、加、太国家就签订第 5 个《洛美协定》达成协议。同年 6 月 23 日，欧盟与非、加、太地区在贝宁经济首都科托努签署了上述协定，并改称《科托努协定》。欧盟认为，国际政治经济形势已发生重大变化，加之多年来欧盟向非、加、太国家提供的优惠政策并未收到效果，双方需要制定新的贸易援助协定。2003 年 4 月 1 日，《科托努协定》正式生效。协定将进一步推动欧盟和非、加、太地区的经济合作。《科托努协定》包括政治对话、贸易投资和为促进发展而进行的合作等方面的内容。协定指出，加强政治对话是协定的重要方面，目的是更好地适应不同国家的具体情况。在贸易发展方面，协定执行头 5 年的金额将达到 160 亿欧元，通过 74 项计划。根据协定，欧盟和非、加、太地区签署了一系列经济伙伴协议，制定了贸易和投资新框架，通过贸易和区域一体化减少贫困现象，保持可持续发展势头并加快非、加、太地区融入世界经济的步伐。《科托努协定》将取代此前实施了长达 25 年之久的《洛美协定》，有效期 20 年。《科托努协定》的生效有利于推动欧盟和非、加、太地区实施长期发展战略合作，但协定把受援国人权状况和反腐败作为援助的先决条件，将对这些国家的政局与经济发展带来一定的负面影响。

2002 年 3 月，在墨西哥举行的联合国筹资大会上，联合国秘书长安南呼吁国际社会向贫困开战，并敦促发达国家履行诺言，增加官方发展援助，减轻或减免债务本息。2003 年 6 月 1 日，作为八国集团首脑会议的会中会，南北领导人非正式对话会议在法国的埃维昂举行。中国国家主席胡锦涛出席会议，并就加强国际合作、促进共同发展问题发表了《推动全面合作，促进共同发展》的重要讲话，提出了 4 点建议：采取有力措施，促进全球经济增长；倡导和睦相处，维护世界多样性；加强多边合作，推动建立国际经济新秩序；加大支持力度，充实南北合作的实质内容。12个发展中国家领导人同八国集团就世界经济和安全问题交换了意见。这在八国集团首脑会议的历史上还是首次。

前景　发展中国家在斗争中逐渐认识到，要建立国际经济新秩序，要在国际交往中得到真正平等的待遇，必须对现存的国际经济秩序进行改革。第一，改革世界经济中的生产、消费和贸易的格局，改革发展中国家同发达国家间不平等、不合理的国际分工。要求为初级产品确定公平合理的价格，解决货币和发展资金问题，增加技术转让，使第三世界的产品能够进入世界市场。第二，保证发展中国家对自己的自然资源拥有充分的主权，能对资源开发实行有效控制，能根据主权原则限制和监督跨国公司的活动。第三，改变发展中国家在国际经济事务中无权的地位，对现有的一些国际经济机构，包括国际货币基金组织和世界贸易组织等机构的体制和规章进行必要的调整，使发展中国家充分、平等地参与国际经济事务的决策过程。

由于经济全球化趋势的不断发展，全球经济的不可分，南北关系日益相互依存，发展中国家的经济困难实际上也影响了工业国家经济的发展。没有南方普遍而切实的可持续发展，必然滞缓北方的发展速度和长远利益。要实现南方经济的快速发展，发展中国家的自身努力、发达国家的平等合作以及有效的援助是不可或缺的环节。因此，必须进行坦诚的合作，才能实现南北互惠的共同发展。由此可见，举行全球性南北对话的意义重大。虽然举行全球性南北对话困难重重，发展的程度也难以做到步调一致，但是联合国及其附属机构仍在不断谋求加强南北之间经济合作和对话的多种途径。

几十年来，通过南北对话，虽

然没能从根本上改变不合理的国际经济旧秩序，却使南北双方的交流与合作取得了一定的成果，在一些具体问题上达成了协议，对缓和南北关系起了积极作用。

贸易、债务和国际金融是决定发展中国家经济发展成败的最重要因素。近40年来，通过一系列南北对话，取得了某些成果。但是，引人注目的是贫富差距不断扩大。据世界银行发表的《2002年世界发展报告》提供的数字，2000年，世界人口达到60.45亿，全球国内生产总值（GDP）达到313 368.93亿美元，其中低收入国家的人口占世界人口的40.6%，这些国家GDP仅占世界GDP的3.44%；高收入国家的人口仅占世界人口的4.9%，而这些国家GDP却占世界GDP的40.6%。要缩小贫富差距，必须解决以下几个主要问题：富国减免穷国债务；富国取消贸易壁垒，进一步向发展中国家开放市场；逐步改变"中心－外围"格局；发达国家要承诺向发展中国家提供资金和技术援助，发展中国家增强自我发展能力；加强多边合作，推动建立公正合理的国际经济新秩序。

柏林墙

1961年，民主德国在苏联支持下修筑的隔绝东、西柏林的高墙。从1949年到1961年，大约有250万民主德国人从东部流向联邦德国。为了阻止居民外流，1961年8月12—13日，民主德国在苏联的支持下，一夜之间沿东、西柏林分界线修筑起一座高墙，封锁东、西柏林边界，只留若干严加控制的过境站。柏林墙是冷战时期民主德国、联邦德国和东、西欧分裂的标志。此后20多年中，大约有5000名民主德国人通过各种渠道成功翻越柏林墙到西柏林，大约5000人被民主德国政府逮捕，有191人在

拆毁柏林墙

跨越柏林墙时被打死。20 世纪 80年代末，苏联谋求与美国缓和关系，放松了对东欧各国的控制。民主德国公民长期被柏林墙压抑的出走浪潮又一次掀起，1989 年利用各种渠道出走到联邦德国的民主德国公民达数十万人。1989 年 11 月 10日，民主德国迫于国内压力开放柏林墙，民主德国公民可以通过两德之间包括柏林在内的所有边境关卡出国。柏林墙从此失去民主德国、联邦德国之间政治屏障的功能，并

很快被拆除，只留下一段作为历史见证供后人参观。

柏林危机

第二次世界大战后，美、苏、英、法四国因对西柏林法律地位的争执而引起的两次国际危机。根据

1945 年《苏英美三国克里木（雅尔塔）会议公报》、《苏美英三国柏林（波茨坦）会议议定书》及其他有关文件规定，在德国投降后，由苏、美、英、法四国分区占领德国和柏林。上述文件还规定了处置战后德国政治、经济的基本原则，以防止其再发动战争，危害世界和平。由于各占领国都力图把对德国的处置纳入自己的战略轨道，战后在德国问题上的斗争十分激烈，而柏林问题成为斗争的焦点。

1948 年柏林危机　从 1946 年末起，在德国问题上的斗争日趋尖锐。1947 年美国推行杜鲁门主义和马歇尔计划，加紧对西欧的控制，合并英、美占领区，阻挠就德国统一问题和缔结对德和约问题达成协议。1948 年 2 月召开美、英、法、荷、比、卢六国外长会议，筹划在西方占领区成立德意志国家。6 月 21 日宣布实行币制改革，加深德国的分裂。苏联对上述活动一再提出抗议和反对，于 1948 年退出盟国对德管制委员会，在苏占区和整

个柏林发行新货币，并拒绝美国提出的西方三国参加管理柏林货币的要求。对此，美国在英、法两国同意下将其货币改革扩大到西柏林。同年 6 月 24 日苏联对西柏林实行封锁，切断西柏林与西方占领区之间的水陆交通。美、英则对苏占区实施交通和贸易限制，向西柏林空运物资。柏林局势一时十分紧张。由于双方都不愿诉诸武力，经过谈判，终于达成妥协，1949 年 5 月 12 日苏联解除对柏林的封锁。但柏林在 1948 年底已正式分裂为两个城市。

1958—1961 年柏林危机　1958 年 11 月 27 日，苏联照会美、英、法政府，建议取消对柏林的占领制度，使西柏林成为"独立的政治单位"、一个非军事化的"自由城市"。照会要求西方在 6 个月内达成协议，否则苏联就把西方在西柏林驻军人员通过民主德国的过境控制权移交给民主德国。西方予以拒绝。1959 年 5 月 11 日，在日内瓦召开苏、美、英、法四国外长会

议，讨论对德和约和柏林问题，但毫无结果。9月15—27日，苏联党和国家领导人赫鲁晓夫访美，同艾森豪威尔总统举行"戴维营会谈"，双方达成就柏林问题恢复谈判的谅解，并宣布艾森豪威尔总统于次年正式访苏。随后，美、苏商定1960年5月16日在巴黎召开四国首脑会议。由于1960年5月1日发生美国U-2型飞机侵犯苏联领空事件，首脑会议和艾森豪威尔访苏均被取消。

1961年1月20日，J.F.肯尼迪继任美国总统。6月3日，美苏两国首脑在维也纳会晤，赫鲁晓夫重提苏联1958年11月27日建议，声称"必须在今年使欧洲的这个问题得到和平解决"。肯尼迪也持强硬态度，扬言要武力"保卫西柏林"。会谈仍无任何结果。8月华沙条约组织各国党中央第一书记在莫斯科集会，声明：如西方不愿签订对德和约，华约各国决定单方面与民主德国签订和约。8月12—13日，在华约的建议下，民主德国沿东、西柏林分界线修筑柏林墙，封锁东、西柏林边界。18日，美国派遣1500名士兵通过民主德国检查站增援西柏林。接着，双方互相以核武器试验进行威胁。当危机达到高峰时，赫鲁晓夫态度软化。10月28日，赫鲁晓夫在苏共第22次代表大会上宣称，如果西方国家准备解决德国问题，苏联将不再坚持要在12月31日前缔结和约，撤销了"6个月的期限"，从而结束了这次持续3年多的"柏林危机"。

《西柏林协定》 20世纪70年代初苏联推行缓和政策，争取西方国家承认欧洲现状，在与联邦德国改善关系的同时建议就柏林问题举行谈判，为西方国家所接受。1970年3月6日，苏、美、英、法四国开始谈判。1971年9月3日签署了《西柏林协定》，并于1972年6月3日生效。主要内容有：①重申美、英、法在西柏林的"权利和责任"。②西方国家的平民和货物沿西柏林通道的过境交通，将"畅通无阻"。③"维持和发展"西柏林

与联邦德国之间的"联系"，但西柏林仍然不是联邦德国的组成部分，今后也不属于它管辖。④西柏林人民可因人道、家庭、宗教和商业等理由或以旅行者身份到民主德国进行访问。⑤联邦德国可在国际组织中和国际会议上代表西柏林利益，等等。

《西柏林协定》签订后，柏林局势趋于稳定，两个德国之间的关系有很大发展。但双方对协定的解释各取所需，联邦德国强调它与西柏林之间的"联系"，民主德国认为西柏林是一个"独立的政治单位"。80年代末，苏联谋求与美国缓和关系，放松了对东欧各国的控制。联邦德国科尔政府利用这个有利时机，提出实现德国统一的方案。1989年11月10日，民主德国迫于国内压力开放柏林墙，民主德国居民纷纷涌向西柏林和联邦德国。1990年5月18日，联邦德国和民主德国的财政部长签署了《两德货币、经济和社会联盟条约》。7月1日，该条约正式生效，

两德实现了经济统一。同年8月31日，两德正式签署了《德意志联邦共和国和德意志民主共和国关于实现德国统一的条约》；10月3日，条约正式生效。条约规定，东、西柏林合并为一个州，德国的首都为柏林。柏林问题最终得到解决。

加勒比危机

又称"古巴导弹危机"。1962年10月苏联在古巴建立导弹基地引起苏、美两国在加勒比海地区的尖锐冲突。古巴革命胜利后，美国于1961年4月制造吉隆滩战役。1962年夏，美国再次策划对古巴的武装干涉。苏联以"保卫古巴"为名，从1962年7月下半月开始，把进攻性导弹秘密运进古巴，以加强对美国的威慑力量。10月中旬，

美国根据 U-2 型飞机的侦察，得知古巴正在修建针对美国的中、远程导弹发射场。10 月 22 日，美国总统肯尼迪发表电视演说，宣布武装封锁古巴，要求苏联从古巴撤出进攻性武器，并威胁不惜使用武力，形成战争一触即发之势。23 日肯尼迪又签发禁止进攻性武器运往古巴的公告，宣布从 24 日起，将拦截并强行检查可能前往古巴的舰船。同时，美国在古巴周围集中了大批武装力量，驻西欧和远东的美军也都处于高度戒备状态，美国在北大西洋公约组织和美洲国家组织中的盟国军队也进入戒备状态。与此同时，苏联、古巴和华沙条约国家也进行了相应准备。苏联外交官否认在古巴有苏联导弹，并对肯尼迪讲话表示"震惊"。10 月 23 日，苏联政府发表声明，表示要按苏、古协议继续用武器援助古巴，坚决拒绝美国拦截，对美国的威胁将进行最强烈的回击。但 24 日，苏联驶往古巴的船只却开始返航。25 日，美国在联合国展示了在古巴的苏联导弹和发射场的照片。26 日，赫鲁晓夫给肯尼迪一封秘密信件，提出愿在联合国监督下从古巴撤出进攻性武器，并表示不再向古巴运送这种武器，交换条件是美国撤销对古巴的封锁，并保证不再入侵古巴。27 日，肯尼迪复信赫鲁晓夫并发表白宫声明，要求苏联在联合国监督下从古巴撤出导弹，美国保证不入侵古巴。28 日，赫鲁晓夫回函，表示已下令撤除在古巴的核武器，并同意让联合国代表到古巴核实。11 月 1 日卡斯特罗发表电视演说，宣布拒绝联合国视察，并提出维护古巴主权和领土完整的五点要求。11 月 2—26 日，苏联部长会议第一副主席 А.И. 米高扬到古巴同古巴领导人会谈，施加压力。11 月 8—11 日苏联从古巴运走了 42 枚导弹，并在公海上接受美国"船靠船的观察"。20 日，肯尼迪宣布赫鲁晓夫答应将在 30 天内撤走在古巴的全部"伊尔—28 型"轰炸机，同时宣布美国取消对古巴的海上封锁。12 月 6 日，美国国防部宣布苏联轰炸机撤出古巴。至此，加勒比危机遂告结束。

塔什干会议

1966 年 1 月 4—10 日印巴双方在苏联塔什干举行的旨在解决印巴克什米尔争端的会议。会议主持人为苏联总理 A.H. 柯西金。

1965 年 8 月 16 日爆发第 2 次印巴战争，双方均未取得明显胜利。9 月 23 日联合国安理会通过决议，促使双方暂时停止冲突。但在此后数月内，破坏停战的事件仍时有发生。

在苏联政府的斡旋下，印度总理 L.B. 夏斯特里和巴基斯坦总统 M. 阿尤布·汗于 1966 年 1 月 4 日在塔什干开始举行会谈，并于 10 日签署《塔什干宣言》。印巴双方就两国恢复正常外交关系、双方部队分别撤退到 1965 年 8 月 5 日前的驻地以及讨论经济、难民和其他一些问题达成协议。《宣言》没有提及根据联合国决议和克什米尔人民的愿望在克什米尔举行决定其归属问题的公民投票，仅笼统地提出"互不干涉内政"和"不使用武力而是通过和平手段来解决彼此间的争端"，会议未能使克什米尔问题获得圆满解决。

八国首脑会议

世界主要发达国家的协调机制，又称"西方工业化民主国家国家元首和政府首脑会议"，简称"八国峰会"。与会的美国、加拿大、英国、德国、法国、意大利、日本和俄罗斯被称为"八国集团"。自 1975 年以来，每年的首脑会议及其议题，都成为令世人瞩目的焦点。

会议的形成 20世纪70年代，以能源危机为导火索，西方各国经历了第二次世界大战以后最严重的经济衰退。为整体上协调主要发达国家共同的和各自的经济政策，进而操控世界经济秩序，主导国际经济规则的制订，在法国的倡议下，于1975年11月15—17日在巴黎郊外的朗布依埃，法、美、英、意、日和联邦德国六国领导人举行了首次首脑会议。1976年6月，在波多黎各举行第二次首脑会议时，增加了加拿大，形成七国峰会和七国集团。从此，七大工业国会议作为一种制度固定下来，每年轮流在各成员国举行一次。从1977年起，欧洲经济共同体（欧洲联盟前身）主席也应邀参加会议。

1991年苏联总统戈尔巴乔夫，1992、1993年俄罗斯总统叶利钦都应邀同与会的西方七国首脑在会后举行会晤。1994年第20次首脑会议举行时，叶利钦正式参加政治问题讨论，形成了"7+1"机制。但俄罗斯仍被排除在经济议题的讨论

之外。1997年在美国丹佛举行首脑会议时，美国总统克林顿作为东道主邀请叶利钦以"同等成员"身份自始至终参加会议，并第一次以"八国首脑会议"的名义共同发表"最后公报"。从此首脑会议机制形成。2002年，俄罗斯获准参加经济议题的讨论，由此创建初期的"富翁俱乐部"过渡成"大国俱乐部"。

会议的主要议题和结果 20世纪70年代，西方七国首脑会议的宗旨是为了讨论和解决各国面临的一些具有共性的经济问题和协调各国的宏观经济政策。1978年在波恩会议上，与会各国发表了关于反对劫机的声明，政治议题开始进入峰会。在此后的历届首脑会议上，与会各国曾多次就国际热点问题展开讨论，并多次发表政治性声明，从两伊战争、中东问题、苏联解体和东欧剧变、印巴冲突一直到科索沃战争，八国（七国）集团都试图发挥决定性影响力。9·11事件后，反恐问题成为首脑会议讨论的重点

之一。

2004 年 6 月，八国首脑会议主要讨论了中东改革、伊拉克重建、反恐和防扩散、全球经济和援助非洲等问题，发表了《主席国结论》《与泛中东和北非地区建立面向进步和共同未来的伙伴关系》《防扩散行动计划》等多个文件。2005 年 7 月，首脑会议重点讨论了气候变化、国际发展合作、世界经济、国际贸易等问题，发表了《关于非洲、气候变化、能源和可持续发展问题的鹰谷公报》《主席国结论》《气候变化行动计划》等文件。2006 年 7 月，首脑会议议题广泛，除能源安全、传染病防治和教育三个主题外，还讨论和通过了打击恐怖主义、反腐败、国际贸易、保护知识产权和非洲经济问题等总计 11 份共同文件。这说明八国首脑会议的功能和宗旨正在朝"全方位化"的方向发展，越来越多地从经济问题延伸到政治、战略、安全等诸多领域。2007 年 6 月 8 日，第 33 次八国首脑会议在德国的海滨小镇海

利根达姆闭幕。会议期间，各国领导人集中讨论了气候变化、非洲发展和全球化时代的全球管理等焦点问题，并就应对气候变化达成妥协，承诺"大幅度"降低全球温室气体的排放量，同意在"联合国框架"内进行减排谈判。会议重申到 2010 年将援助非洲的金额提高到 500 亿美元，承诺在未来几年中提供 600 亿美元用于在非洲抗击艾滋病、疟疾和结核病。

八国首脑会议讨论的议题广，通过的文件多。但世人更关心的是，大国首脑在历次峰会上达成的诸多共识究竟在多大程度上落到了实处。

八国集团与发展中国家对话会议　八国集团虽然囊括了当今世界最主要的经济大国，但依然无法单独处理全球政治、经济问题。其原因在于经济全球化时代，各国的经济、贸易和金融的相互联系达到前所未有的程度，某一国的经济问题容易"传染"成世界性难题。另外，由于中国、印度、巴西等新兴

经济体的崛起，八国集团占全球经济总量的份额已逐年下降，处理全球化政治、经济问题已经离不开发展中国家的参与。2003年6月，法国作为第29次八国首脑会议的东道主，邀请中国、巴西、墨西哥、沙特阿拉伯、印度、马来西亚六个经济新兴国家的领导人和埃及、塞内加尔、尼日利亚、阿尔及利亚、南非五个"非洲发展新伙伴计划"参加国的领导人参加了在首脑会议召开前举行的南北领导人非正式对话会议，就新世界经济、安全问题交换了意见。从此以后，历次首脑会议都向亚、非、拉发展中国家发出对话邀请。发展中国家领导人也利用会议召开的机会举行集体会晤，交流意见，加深友谊。

会议与中国的关系　20世纪70—80年代，"七国集团"并未关注中国，直至80年代末期才在会议公报中提及应关注中国的经济改革。此后，随着中国综合国力的不断提高、国际影响加大，"七国集团"逐渐把目光转向中国，注重发展与中国的关系。2003年应法国总统希拉克的邀请，中华人民共和国主席胡锦涛出席了在埃维昂举行的第29次八国首脑会议召开前的南北领导人非正式对话会议，并发表了题为《推动全面合作，促进共同发展》的讲话。胡锦涛还于2005、2006、2007、2008年多次出席八国集团和发展中国家领导人对话会议，就全球经济、落实"联合国千年发展目标"、应对气候变化等问题做了深入阐述，指出发达国家与发展中国家应成为平等合作的伙伴，实现互利共赢，共同应对全球挑战，从而为深入开展南南合作、推动南北对话指明了方向，引起了全世界的广泛关注。

埃以和约

1979 年 3 月 26 日埃及总统萨达特和以色列总理 M.贝京在华盛顿签订的条约。美国总统卡特作为连署人，也在和约上签字。1978年 9 月，美埃以戴维营会谈达成两项协议，即《关于实现中东和平纲要》和《关于签订一项埃及同以色列之间的和平条约的纲要》，埃以和约就是根据后一协议，经过多次谈判后签订的。和约及附件的主要内容有：以色列的军队和文职人员在 3 年内分阶段撤出西奈半岛；确立埃以两国的边界；两国建立正常关系，包括外交、经济和文化关系。但对巴勒斯坦的自治问题和政治前途没有明确阐明。1982 年 4 月25 日，以色列全部撤出西奈。

亚欧会议

亚欧国家为加强相互联系与合作举行的定期首脑会议。1994 年10 月，新加坡总理吴作栋提出召开亚欧会议的建议，得到亚洲有关国家和欧洲联盟国家的积极响应。经过中、日、韩、东盟七国与欧盟各国的多次磋商以及多次高官会议的准备，1996 年 3 月 1—2 日，首次亚欧首脑会议在泰国曼谷举行。来自中、日、韩和东盟七国、欧盟十五国和欧盟委员会的领导人出席了会议。会议发表的《主席声明》宣布，亚欧会议的目标是建立亚欧之间的新型、全面的伙伴关系，加强相互的对话、了解与合作，为地区以至世界的和平与发展而努力。会议确定政治对话、经济合作、文化交流与合作三大合作领域，并确定每两年举行一次首脑会议，其间将举行外长、经济部长等高官会议。

第二届亚欧首脑会议，1998年4月3—4日在英国伦敦举行，第三届亚欧首脑会议于2000年10月20—21日在韩国汉城（今首尔）举行，第四届亚欧首脑会议于2002年9月22—24日在丹麦哥本哈根举行，第五届亚欧首脑会议于2004年10月8—9日在越南河内举行，第六届亚欧首脑会议于2006年9月10—11日在芬兰赫尔辛基举行，第七届亚欧首脑会议于2008年10月24—25日在中国北京举行，第八届亚欧首脑会议于2010年10月4日—5日在比利时布鲁塞尔举行。哥本哈根会议举行时正值9·11事件一周年之际，会议通过了《亚欧会议反对国际恐怖主义宣言》、《朝鲜半岛和平政治宣言》以及《主席声明》等文件。根据此次会议的决定，2003年7月在中国大连举行了亚欧会议第五届经济部长会议，9月在北京举行了亚欧会议反恐怖主义研讨会。

克什米尔问题

印巴分治后，印度和巴基斯坦之间因克什米尔归属问题而引起的争端。克什米尔全称查谟和克什米尔，位于南亚次大陆北部山区，与中国新疆和西藏接壤。18 世纪后期，查谟地区的 M.G. 辛格以 750 万卢比的价格从英印当局手中买下克什米尔，开始对穆斯林实行残酷的统治。1947 年印巴分治前，克什米尔为一个土邦，面积 21.8 万平方千米，人口约 700 万。穆斯林占人口的 77%，印度教徒占 20%，其余为锡克教徒和佛教徒。

克什米尔问题是英国殖民统治遗留下来的恶果之一。《蒙巴顿方案》规定克什米尔可以自由决定加入印度或巴基斯坦，或宣布独立。根据 1947 年 6 月 3 日印度独立法案的规定，克什米尔划归巴基斯

坦，但信奉印度教的克什米尔土邦大公 H. 辛格却希望获得独立而拒绝加入巴基斯坦。1947 年 10 月 24 日，印巴在克什米尔发生武装冲突。同年底，印度将争端提交联合国安理会裁决。1948 年 8 月，联合国安理会印巴委员会提出分 3 个阶段（停火、非军事化、公民投票）解决争端的建议。印巴双方均表示接受，并命令各自部队于 1949 年 1 月 1 日停火。同年 7 月 27 日，印巴双方就停火线问题签署协议。按照停火线，印度占据克什米尔 3/5 的地区，人口约 400 万；巴基斯坦占据 2/5 的地区，人口约 100 万。但双方在非军事化和公民投票问题上陷于僵局。后来，印巴两国为解决争端曾多次举行会谈。1953 年，两国总理会谈后发表联合公报，表示争端"应该遵照该邦人民的愿望加以解决"，"确定人民愿望的最实际的方法是举行公正无私的公民投票"。此后，巴基斯坦一直主张举行公民投票，而印度则以巴基斯坦参加东南亚条约组织和巴格达条约

组织为由，宣布举行公民投票的原则已不适用。1956年11月，印占克什米尔制宪议会通过宪法，宣称克什米尔"是印度联邦不可分割的一部分"。1965年8月，印军因边界冲突而违背停火协议，导致第二次印巴战争，巴军从克什米尔败退。9月16日，中国政府照会印度政府：克什米尔问题应该像印巴两国向克什米尔人民保证的那样，在尊重克什米尔人民权利的基础上加以解决；中国政府不介入印巴争端，绝不等于中国同意印度借口克什米尔问题入侵巴基斯坦；中国不会停止支持巴反侵略的正义斗争。在美、英、苏三国斡旋下，9月29日战争结束。1975年2月，印度政府宣布印占克什米尔"加入印度联邦"，巴基斯坦政府对此表示抗议。近年来，印巴双方都在力求通过谈判解决克什米尔问题，以扫除实现两国关系正常化的这一重要障碍，但在很长时期内，不但未见重大进展，反而屡现紧张局势。2001年7月24日，一贯主张把克什米

尔并入巴基斯坦的印控克什米尔地区"希斯布尔圣战者武装组织"准备与印度进行和平谈判，但印度拒绝把巴基斯坦纳入和谈中。于是导致同年10月印巴双方在克什米尔地区发生严重武装冲突，使该地区再次成为世人瞩目的焦点。1998年5月印巴两国相继成为核武器拥有国后，双方都把主要兵力屯集在克什米尔地区，双边关系进入核威慑下的"冷和平"阶段。

联合国贸易和发展会议

联合国大会审议国际贸易、投资和发展问题的机构，简称"贸发会议"。依据1964年12月30日第19届联合国大会通过的1995号决议设立，秘书处设在瑞士日内瓦。至2008年4月，有成员国193个。

宗旨 促进国际贸易，特别是加速发展中国家的经济和贸易发展；制定国际贸易和有关经济发展问题的原则和政策；推动发展中国家和发达国家就国际经济、贸易领域的重大问题进行谈判；检查和协调联合国系统其他机构在国际贸易和经济发展方面的各项活动。

组织机构 ①大会。由各成员国参加的最高权力机构，通常每4年举行一次。②理事会。贸发会议常设机构，每年开会两次，必要时召开理事会特别会议。理事会会议主要是审议世界经济贸易形势，大会决议的执行情况和重大的国际经济贸易问题。理事会下设3个专业委员会：货物、服务及商品贸易委员会，投资、技术及相关金融问题委员会，企业、商业便利及发展委员会。③秘书处。办事机构，秘书长由联合国秘书长任命，联大认可。

主要活动 贸发会议是讨论国际贸易和发展问题的一个重要场所。1964—2008年，已召开12届会议，在加强国际合作，推动南北谈判，促进改革不公正、不平等的国际经济关系，建立国际经济新秩序，维护第三世界国家的正当权益方面，发挥了积极作用。

历年贸发会及其理事会会议讨论的主要议题有：初级产品问题、制成品问题、货币和资金问题、发展中国家间经济合作问题、航运和技术转让问题等。1964年3月23日至6月16日，第1届贸发大会在日内瓦举行。1968年2月1日至

3月9日，第2届贸发大会在新德里举行。1972年4月13日至5月19日，第3届贸发大会在圣地亚哥举行。1976年5月5—31日，第4届贸发大会在内罗毕举行。1979年5月7日至6月3日，第5届贸发大会在马尼拉举行。1983年6月6日至7月3日，第6届贸发大会在贝尔格莱德举行。1987年7月9日至8月3日，第7届贸发大会在日内瓦举行。1992年2月8—25日，第8届贸发大会在哥伦比亚的卡塔赫纳举行，以时任国务院副秘书长何春霖为首的中国代表团出席了这届大会。大会通过题为《卡塔赫纳精神》的宣言，认为"发展应该成为国际社会议程上的优先项目"。1996年4月27日至5月11日，第9届贸发大会在南非的米德兰举行。主题是"在不断全球化和自由化的世界经济中促进增长和可持续发展"。会议讨论了90年代世界经济的发展政策和战略、乌拉圭回合后的国际贸易、促进发展中国家的企业发展以及贸发会议工作和体制

4项议题。大会闭幕时发表《米德兰宣言》，强调加强各国间的发展伙伴关系，发展一种互利的多边贸易体系。2000年2月12—19日，第10届贸发大会在曼谷举行，主题是"全球化和新世纪发展战略"。会议期间，与会代表围绕主题讨论世界各国特别是发展中国家在经济全球化大趋势下所面临的机遇与挑战、21世纪发展战略、多边贸易体制改革、贸易与投资、缩小贫富差别、南南合作、加强贸发会议的作用等一系列问题。会议最后通过《行动计划》和《曼谷宣言》，充分反映了发展中国家要求建立更公平、合理发展模式的强烈愿望，并提出21世纪发展战略。2004年6月13—16日，第11届贸发大会在圣保罗举行，主题是协调国家发展战略与全球经济进程，促进全球经济特别是发展中国家经济的发展。2008年4月20—25日，第12届贸发大会在加纳首都阿克拉举行，主题是应对全球化给发展带来的机遇和挑战。会议发表了《阿克拉宣

109

言》，并通过《阿克拉协定》，主张为了使发展中国家分享全球化所带来的成果，有必要解决商品依赖所产生的影响，包括价格的波动性、扶贫政策、收入分配的透明以及对几种商品严重依赖的国家生产结构的多样化问题。

与中国关系 从第 3 届会议起，中国积极参加其活动，努力促进南北对话，全力支持建立国际经济新秩序的斗争。中国政府支持《商品综合方案》，参加这一方案项下的共同基金谈判会议和单项国际商品协定的谈判会议，并参加了共同基金协定、国际天然橡胶协定和国际黄麻及其制品协定。中国参加了《国际技术转让行动守则》《联合国国际货物多式联运公约》等重要国际文件的拟订和谈判会议，并签署了《班轮公会行动守则公约》。中国政府高度评价南南合作，积极支持发展中国家的集体自力更生和七十七国集团拟订的发展中国家间经济合作纲领，并有选择地参加某些合作项目。